Los 7 pasos para ser más feliz

Los 7 pasos para ser más feliz

Cómo liberarte del estrés,
las preocupaciones
y las angustias del pasado

DRA. ISABEL GÓMEZ-BASSOLS

Una división de Random House, Inc.
Nueva York

PRIMERA EDICIÓN VINTAGE ESPAÑOL, OCTUBRE 2006

Copyright © 2006 por Isabel Gómez-Bassols

Todos los derechos reservados. Editado en los Estados
Unidos de América por Vintage Español, una división
de Random House, Inc., Nueva York y en Canadá
por Random House of Canada Limited, Toronto.

Vintage es una marca registrada y Vintage Español
y su colofón son marcas de Random House, Inc.

Biblioteca del Congreso de los Estados Unidos
Información de catalogación de publicaciones
está archivada.

Vintage ISBN-10: 0-307-27657-0
Vintage ISBN-13: 978-0-307-27657-5

Diseño del libro de Rebecca Aidlin

www.grupodelectura.com

Impreso en los Estados Unidos de América
10 9 8 7 6 5

*Este libro va dedicado al sinnúmero de radio-
escuchas y conocidos que han abierto sus
corazones, sus sentimientos y sus temores en la
búsqueda de la paz interior y la felicidad. Sus
testimonios y el ejemplo de sus vidas me han
dado la pauta para escribir las enseñanzas
puestas en práctica y compartir con ustedes
la posibilidad de vivir en tranquilidad.*

*El libro también va dedicado a todos los que
con su aliento y compañía lograron
inspirarme a escribirlo.*

ÍNDICE

Los 7 pasos para ser más feliz

INTRODUCCIÓN

La felicidad es el tesoro más codiciado del mundo. Todos anhelan ser felices, desde la muchacha que sueña con su príncipe azul, hasta el desdichado que se envicia con las drogas creyendo que en ellas encontrará la felicidad. Buscamos la felicidad en nuestra familia, en nuestras relaciones más importantes, en nuestra profesión, en la religión, en el sexo y en los bienes materiales.

Mucha gente me llama y me dice que quiere encontrar la felicidad, pero no saben qué es lo que buscan. La felicidad puede ser definida de tantas formas; cada uno de nosotros la define de manera diferente. Todos quieren ser felices, pero nunca se han sentado a ver qué es lo que los hará felices. Es decir, ¿qué es para ellos la felicidad?

Por lo general, las personas tratan de buscar la felicidad en lo externo. Cuando les preguntas, te contestan:

"Yo seré feliz cuando pueda tener una casa" o "Voy a ser feliz cuando tenga el auto que me gusta". Entonces, cuando no lo tienen y ven que tarda en llegar, se sienten muy tristes. Tenemos que reconocer que en este camino que andamos, en esa búsqueda de la efímera felicidad, buscamos por fuera en vez de por dentro. Si para ti la felicidad significa tener una casa o una mansión, un auto, un yate o una casa de vacaciones, tenemos que preguntar:

"A ver, ¿para qué quieres la casa?", o lo que sea.

Si respondes: "Pues porque entonces la familia va a estar más unida", está bien.

Después pregúntate: "¿Y eso qué quiere decir?"

"Que vamos a ser más felices, vamos a tener más tranquilidad".

Es bueno y correcto querer que la familia esté más unida, y pensar que eso les traerá tranquilidad. Encontrar la felicidad debería traerte tranquilidad y satisfacción, ofreciéndote un respiro del estrés que puedas tener en tu vida. Sin embargo, si esperas que una casa en sí te traiga la felicidad, va a ser muy difícil ser feliz porque lo que quieres cambiar son tus circunstancias (elementos externos) y no tu manera de pensar (elementos internos). En este sentido, nuestra búsqueda de la felicidad también puede frenar nuestra probabilidad de alcanzarla. Nuestras expectativas, esas definiciones individuales de lo que necesitamos para ser felices, pueden actuar como un reto. Cuanta más diferencia y distancia veamos entre donde estamos o lo que tenemos y lo que queremos alcanzar, más aguda es la frustración y el estrés que vamos a sentir.

Por ejemplo, si crees que la felicidad viene con poder económico, y quieres arrimarte a los que tienen dinero o quieres hacer cualquier cosa para tener más dinero, vas a encontrar que cuando llegas a tener ese dinero, al principio puede que seas más feliz, pero después de un tiempo, si no haces otras cosas, sentirás un vacío por dentro. Fíjate en el número de artistas hoy en día que, teniendo dinero, se han perdido por culpa de las drogas y el alcohol. Sin embargo, otros han buscado en la espiritualidad otras respuestas, y han tratado de hacer el bien a la humanidad. Yo creo que esas personas han tenido la bendición, o la visión, de saber que el dinero no lo es todo. ¿En qué forma pueden ser felices? Pues buscando cierta espiritualidad, buscando lo que los hará crecer como personas por dentro, y no algo que sólo adornará el exterior. Piensa en un árbol: si no recibe la energía del sol, si no se le da el agua que necesita, no va a dar frutos; y si los da, son malos. No crece ni funciona como debe funcionar un árbol. Nosotros somos iguales. Lo que pasa es que necesitamos distintos alimentos para poder crecer por dentro. La palabra es "crecer". No es cuestión de tan sólo tomar una pastilla para vencer nuestros problemas y sentirnos mejor. Nosotros tenemos que hacer un gran empeño para cambiar nuestras vidas.

Hay personas que piensan que jamás van a poder alcanzar la felicidad porque creen que han heredado la infelicidad de sus antepasados. Es verdad que algunos estudios demuestran que la predisposición genética puede ser un factor en nuestra capacidad de ser felices. Para muchos, creer esto puede ser como una sentencia y una trampa de la que no pueden salir. Otros pueden sentir alivio, pues al pensar que es genético, se liberan de la vergüenza que sienten. Pero hay otras investigaciones que atestiguan que la felicidad es un comportamiento adquirido, formado por nuestras experiencias y creencias. Yo digo que es una combinación de las dos teorías. Si te conformas con la idea de que la felicidad es en parte heredada de nuestros familiares, no hay mucho que podrás hacer al respecto. Pero si piensas que también puedes cambiar tu comportamiento y alcanzar mayor felicidad —que la línea que separa la felicidad de la infelicidad se define por cómo vemos las cosas— entonces sigue leyendo y te contaré cómo lo puedes hacer.

UN BREVE RESUMEN DE LOS SIETE PASOS

En este libro te demostraré cómo alcanzar la felicidad dentro de tu situación actual, para que puedas ver que los únicos cambios que se tienen que llevar a cabo son los que necesitan ocurrir dentro de ti. Al escribir el libro, me di cuenta que se podría dividir en tres partes. Los primeros pasos tienen que ver con llegar a conocerte a ti mismo. Los pasos que le siguen te enseñan cómo recuperar el control de tus emociones y los últimos pasos te ofrecen consejos diarios para alcanzar la felicidad.

Las primeras dos partes del libro son las más difíciles, las que más van a exigirte, ya que se enfocan en identificar los factores dañinos en tu vida para entonces eliminarlos mediante estrategias específicas. Digo que estas secciones son "difíciles" porque requieren que te observes y analices tu vida mediante una perspectiva muy realista; necesitamos dejar de engañarnos a nosotros mismos y conocernos como somos verdaderamente. Esto no es fácil de hacer, pero es necesario si quieres alcanzar la felicidad. Cuando ya hayas aprendido a conocerte y a lidiar con lo que te hace daño, ahí es cuando puedes liberarte y tomar control de tu vida. Después, en la tercera parte, puedes aprender a aumentar aun más tu nuevo sentido de felicidad mediante trucos y estrategias que incorporarás en tu rutina diaria. Hasta las cosas más pequeñas que ocurren en nuestra vida cotidiana nos pueden conducir hacia la felicidad.

Ahora te presento una breve descripción de los siete pasos para ser más feliz:

Primera parte: Conocerte

Paso 1: Reconoce las creencias que te atan. Las creencias negativas son uno de los obstáculos principales a la felicidad porque te programan a pensar de forma pesimista. Las creencias son pensamientos que formamos acerca del mundo y que tomamos como verdaderos, y se basan en una experiencia del pasado. Por ejemplo, si en algún momento un jefe tuyo te dijo que no sirves para nada, y ahora crees que eso es verdad, esa creencia te va a impedir sentirte seguro de ti mismo en el trabajo. Para cambiar tu realidad e imbuirla de felicidad, primero cambia tus creencias.

Paso 2: Identifica las emociones que te hacen daño.
El estrés, los temores y la ansiedad también son obstáculos a la felicidad. Por ejemplo, si quieres una casa, pero por temor no te atreves a dar los pasos necesarios para conseguirla, entonces nunca llegarás a mejorar tu vida. Si vivimos continuamente con sentimientos de temor, la felicidad no puede existir.

Segunda parte: Liberarte

Paso 3: Libérate de tu voz interior negativa. Nuestros pensamientos negativos pueden actuar como hechizos sumamente poderosos que van dominando nuestras vidas. Tenemos que encontrar la manera de disminuir nuestras preocupaciones y nuestro estrés utilizando nuestro diálogo interior. En este capítulo te daré un plan de acción para liberarte de estos hechizos usando seis tácticas: *Vive en el presente*, *Examina las probabilidades*, *Analiza tus predicciones*, *Disminuye las dudas*, *Obsérvate desde lejos* y *Deja el drama*.

Paso 4: Usa afirmaciones positivas para cambiar tu actitud. Ahora que has disminuido los pensamientos negativos en tu diálogo interior, puedes empezar a pensar de forma más positiva. Cuando cambiamos nuestra forma de pensar con afirmaciones positivas, nos abrimos el camino hacia la felicidad. Si nuestro diálogo negativo es como un hechizo sumamente poderoso, los pensamientos positivos son un amuleto de buena suerte.

Paso 5: Toma las riendas de tu vida. Los dos pasos anteriores te enseñaron a cambiar tu diálogo interior. En este capítulo, te mostraré cómo tomar control de los factores externos a tu vida: cómo manejar tu tiempo, proponerte metas, prepararte para situaciones difíciles, practicar la respiración, beneficiarte de la meditación y vencer la inseguridad económica.

Tercera parte: Comprometerte

Paso 6: Rodéate de personas positivas. Según varios estudios, las conexiones personales tienen la mayor influencia sobre la felicidad. Si nos desconectamos de nuestro mundo, es muy difícil vivir una vida feliz. Cuando nos rodeamos de personas positivas, estamos formando una red de estabilidad y apoyo en nuestras vidas.

Paso 7: Alcanza más felicidad con tu estilo de vida. Además de rodearte de personas positivas, hay muchas cosas simples que puedes hacer ahora mismo para vivir una vida más feliz. Por ejemplo, ser espiritual y tener un propósito en la vida son sumamente importantes en la ecuación de la felicidad. El ejercicio y la dieta también contribuyen a nuestro bienestar. Finalmente, hacer algo nuevo y dar gracias son componentes importantes de la felicidad.

POR QUÉ ESCRIBÍ ESTE LIBRO

Mi motivación para escribir este libro, más que nada, es que los seres humanos se den cuenta de que tienen el poder dentro de sí mismos de hacer cambios en su vida. Si no hubiera cambios en nuestras vidas se produciría un estancamiento, el aburrimiento, esa rutina que acaba con todo tipo de relaciones y con todo tipo de situaciones en la vida. Con este libro te daré las herramientas para cambiar tu vida y encontrar la felicidad en tu interior.

Cuando empiezas a preguntarles a las personas si son felices, a las que lo son de verdad se les nota en la forma de hablar. No necesariamente tienen que tener dinero o posición o poder, sino que te muestran unas características que yo creo que son globales, porque la felicidad real viene del interior. Por ejemplo, yo creo que la persona que es feliz tiene sentido del humor. Tiene una seguridad propia de que lo que va a hacer dará resultado y si no, pues se intenta algo más. Son personas flexibles. Pueden enfrentarse a sus temores y realmente preguntarse: "¿Cuán reales son?" Porque hay temores que son reales y que de verdad tenemos que respetar para poder ser felices. Pero también hay cambios en nuestra vida que primeramente, quizás, nos den un sentido de temor: "¡Ay, mira lo que pasó! ¿Qué va a pasar ahora?" Pero el temor es innecesario, ya que esos cambios pueden formar el puente para una nueva lección, para un nuevo crecimiento individual e interno.

También escribí este libro porque la felicidad trae

muchos beneficios. Como te contaré en el primer capítulo, la gente feliz suele tener mejor salud. Es más, la gente feliz goza de una mejor calidad de vida que aquellos que no lo son. Estudios han determinado que las relaciones sociales tienen un gran impacto en la felicidad. Si eres feliz, tienes más ganas de compartir tu tiempo con amigos y familiares, y vas sembrando semillas de felicidad que van germinando a tu alrededor. La gente quiere estar cerca de ti, muchos porque son felices ellos mismos, otros porque quieren contagiarse de tu felicidad.

Este libro ya es el cuarto que he escrito para ayudar a aquellos que buscan crecimiento personal. Más que nada yo creo que ha sido un camino, quizás porque empezamos por los niños con *¿Dónde están las instrucciones para criar a los hijos?* Porque si no te ocupas de que los niños tengan unos buenos principios y los crías mal, será muy difícil que ellos encuentren la felicidad. Por eso escribí mi primer libro.

Después vino *Los 7 pasos para el éxito en el amor.* Ya sabemos que el amor es un componente muy importante para la felicidad, y tiene que comenzar contigo mismo. ¿Tú te amas? En ese libro destaqué el amor que se tiene que tener uno mismo para poder entonces saber escoger una pareja. También discutí el hecho de que muchas personas buscan la felicidad en una relación. Entonces se ven en una situación de limosneros, de víctimas, porque no son capaces de ser los propios fabricantes de su felicidad. Le están dando la responsabilidad completa y absoluta a la pareja de que sea su parque de diversiones, su futuro económico; están esperando todo de esa pareja. Por eso escribí mi segundo libro, para que pudieras entender realmente qué es el amor y cómo practicarlo correctamente.

Para ser felices, todos los seres humanos necesitamos progresar, y sentir que tenemos valor como seres humanos. En el libro *Los 7 pasos para el éxito en la vida* examiné cómo se consigue eso: fijando metas, sabiendo lo que queremos, conociéndonos a nosotros mismos y preparándonos apropiadamente para cualquier meta que nos propongamos. Ese libro nos estaba preparando para este camino hacia la felicidad.

Ahora viene este libro, en el que se trata un tema que escucho cada vez más y más, desde el primer día en mi programa de radio: cómo vivir una vida más feliz, cómo nosotros mismos nos ponemos obstáculos a nuestra felicidad y cómo dejamos que nuestros temores nos impidan ser felices.

Una vez que asumimos el control, podemos entonces diseñar nuestro destino para que nos brinde la felicidad. Aquí, en estas páginas, te enseñaré cómo.

Primera Parte:

Conocerte

Capítulo uno

LA IMPORTANCIA DE LA FELICIDAD

¿Sabías que todos estamos programados para ser felices? Resulta que la felicidad es el estado natural del ser humano. Fíjate en los niños. Los niños son bendecidos con una alegría constante y un perpetuo asombro por el mundo alrededor de ellos. ¿Qué ocurre cuando un bebé tiene hambre o no se siente seguro? El bebé comienza a llorar porque desea regresar lo antes posible a su estado innato —la felicidad.

Nosotros no somos nada diferentes a los niños. Cuando no nos sentimos bien, deseamos regresar lo antes posible a un estado feliz. Como es lógico, los adultos no podemos empezar a gritar cada vez que algo nos molesta. Y no podemos esperar a que alguien corra a solucionar el problema. Ahí recae la diferencia principal entre un bebé y un adulto: mientras que los bebés son incapaces de solucionar sus propios problemas, los adultos no tenemos por qué sentirnos inútiles. Tenemos el control necesario para alcanzar nuestra propia felicidad. No necesitamos depender de nadie ni de nada para alcanzarla.

Ahí lo tienen: nuestro deseo de llegar a ser felices proviene del hecho de que la felicidad es nuestro estado natural. Algunas personas que lean esto no lo creerán. Y es porque ya han sido infelices por tanto tiempo que piensan que así es como están destinados a ser. Se han acostumbrado a ser infelices. Creen que *ese* es su estado natural o, peor aún, que es el estado natural de todo el mundo. ¡Qué equivocados están!

Punto de vista: el poder de los pensamientos positivos

La gente alegre no tiene que esforzarse por serlo. Han aprendido a mantenerse alejados de la infelicidad. Todo radica en su forma de ver la vida, ya que optan por enfocarse en lo positivo y no en lo negativo. En la vida, hay circunstancias y luego hay nuestras reacciones a esas circunstancias. Quizás no podamos cambiar los sucesos de nuestras vidas, pero sí podemos cambiar nuestro punto de vista con respecto a esos sucesos.

El Dalai Lama dijo una vez que el camino hacia la felicidad verdadera llega cuando en esta vida aprendemos a aceptar tanto las experiencias agradables como las desagradables. La mayoría de nosotros tendrá algún día un choque en la carretera o una avería en el automóvil cuando nos dirigimos hacia el trabajo o a un lugar importante. A nadie le agradará, pero no por eso tiene que arruinarnos la felicidad.

A ti te toca decidir:

- Puedes enojarte y darle una patada al automóvil.

- Puedes gritarle al otro conductor.

- Puedes empezar a preocuparte con: "¿Cómo voy a pagar el arreglo?"

- Puedes imaginar consecuencias exageradas: "Me van a despedir por llegar tarde. No podré pagar la hipoteca. Voy a perder mi casa".

Y así sucesivamente.

Eso es lo que hace la gente que obstaculiza su felicidad. La gente feliz acepta que algo malo ha sucedido, pero no deja que su tranquilidad y su estado de bienestar se arruinen. Si tienen un accidente, lo primero que hacen es asegurarse de que todas las personas implicadas se encuentren bien. Luego dicen: "El seguro se ocupará de todo. Tendré que ir al trabajo en autobús o pedirle a alguien que me lleve mientras me reparan el automóvil, pero ¡está bien! Gracias a Dios que nadie se lastimó".

Al acabar este libro, tú también aprenderás a facilitar —no obstaculizar— tu felicidad. Sólo tú controlas tu punto de vista, entonces ¿por qué permitir que eventos externos te lleven a renunciar a ese control propio?

EJERCICIO:
¿Cuán feliz eres?

Uno de los psicólogos más famosos que estudia la felicidad desarolló esta breve prueba que mide tu felicidad. Se llama "La escala de la satisfacción con la vida" y fue creada en 1980 por Edward Diener de la Universidad de Illinois.

Lee las frases siguientes. ¿Qué puntuación les darías en una escala del uno al siete?

1	2	3	4	5	6	7

No es cierto   Es más o menos cierto   Es totalmente cierto

Frase	Tu puntaje
1. Por lo general, mi vida está muy cerca de lo ideal.	_____
2. Las condiciones de mi vida son excelentes.	_____
3. Estoy satisfecho con mi vida.	_____
4. Hasta el momento, he obtenido las cosas importantes que quiero en mi vida.	_____
5. Si pudiera vivir mi vida de nuevo, no cambiaría casi nada.	_____

TOTAL: _____

Resultados:

31 a 35 puntos:	Estás sumamamente satisfecho con tu vida
26 a 30 puntos:	Estás muy satisfecho con tu vida
21 a 25 puntos:	Estás bastante satisfecho con tu vida
20 puntos:	Es el punto neutro
15 a 19 puntos:	Estás un poco insatisfecho con tu vida
10 a 14 puntos:	Estás insatisfecho con tu vida
5 a 9 puntos:	Estás muy insatisfecho con tu vida

Los beneficios de la felicidad

La gente feliz suele ser más saludable que la infeliz. Por ejemplo, las investigaciones han demostrado que la gente alegre, más positiva y más optimista tiene mejor salud física, tiene mejor salud mental y disfruta de una vida más larga. En un estudio revolucionario, los investigadores de la Facultad de Medicina de la Universidad de Kentucky le pidieron a un grupo de 180 monjas (entre los veinte y treinta años) que escribieran una autobiografía. Sesenta años más tarde, los investigadores examinaron las autobiografías y determinaron que las monjas que habían escrito las autobiografías más positivas —las que detallaban experiencias asociadas con la felicidad, la esperanza, el amor y los logros— vivieron como promedio diez años más que las demás. Ya que las monjas llevan una vida muy uniforme —practican la misma dieta, no fuman ni beben, pertenecen a la misma clase económica y comparten el mismo pasado matrimonial y reproductivo—, los investigadores pudieron concluir que esos diez años adicionales de vida no se debían a que una monja practicara un estilo de vida más saludable que otra. Concluyeron que esos diez años se podían atribuir a la actitud positiva de las monjas felices.

En otro estudio realizado en la Clínica Mayo en Minnesota se determinó que la gente positiva vive más tiempo que la gente negativa. Entre 1962 y 1965, la clínica pidió a 1.100 personas que llenaran una encuesta de personalidad que les otorgaría una calificación de su grado de optimismo. Al examinar a los participantes treinta años más tarde, los investigadores determinaron que los participantes optimistas tenían un 19 por ciento más probabilidades de estar vivos que los pesimistas.

Las investigaciones también han demostrado que la gente feliz tiene menos probabilidades de resfriarse que la gente deprimida o malhumorada. En un estudio de la Universidad Carnegie Mellon de Pittsburgh, los científicos entrevistaron a 334 voluntarios sobre su estado emocional. Luego administraron a cada participante una dosis del virus del catarro. Cinco días más tarde, los

científicos determinaron que todos los participantes tenían la misma probabilidad de contagiarse, pero los voluntarios positivos mostraban menos señales y síntomas de enfermedad. Los investigadores concluyeron que las emociones positivas hicieron que estos voluntarios fuesen más resistentes al catarro común y señalaron que eso indicaba que una actitud positiva tiene mucho que ver con la efectividad de nuestro sistema inmunológico.

Vuelve a mirar a la puntuación total que obtuviste en el ejercicio anterior. ¿Crees que tu nivel de felicidad alargará tu vida o la acortará?

Cuanto más feliz, mejor

Las personas felices gozan de una mejor calidad de vida que las que no lo son. Viven mejor. Disfrutan más. Tienen más amigos. Hasta creo que tienen más oportunidades.

A la gente le gusta rodearse de gente feliz. ¿A ti no? ¿No hay una persona en tu trabajo a quien te gusta saludar porque siempre te responde con una sonrisa amistosa? ¿No hay un amigo a quien todos invitan a las fiestas porque cuenta unas anécdotas fabulosas?

¿Qué opina la gente de cada uno de ellos? "¡Qué alegre es!"

Las personas alegres tienen un círculo de amigos más amplio. Las invitan a salir. Conocen gente. Todos se acuerdan de ellas. Y cuando están buscando a alguien para llenar un puesto vacante en el trabajo, las llaman.

¿No te sientes mejor en la oficina cuando estás cerca de una persona alegre, que al lado de una que siempre se está quejando? El jefe opina lo mismo. Por eso, cuando un puesto más alto queda vacante, ¿a quién crees que piensa ascender?

La gente feliz alegra a los demás. Tiene un brillo que ilumina a quienes se le acercan.

Sonríe y ríe más

Haz una prueba. Cuando vayas hoy al mercado y te acerques a la cajera, sonríele amistosamente y dale los buenos días como si de verdad se lo desearas. No pronuncies palabras huecas. Dile con entusiasmo: "¡Buenos días!" Estoy segura de que el 90 por ciento de las veces a la cajera se le iluminará la cara. Quizá estuviera recostada sobre la caja, cansada y esperando el fin de su turno para irse a casa. Ahora tu sonrisa le dará energía. Te responderá con una sonrisa, no porque se sienta obligada, sino porque lo desea.

Por supuesto, quizá le dieron una mala noticia y existe poco que pudiera animarla. Sin embargo, casi siempre la gente responderá a una sonrisa verdadera.

Y verás que cada vez que lo hagas y te responden con una sonrisa, te dará energía.

La verdad es que ni hace falta que te devuelvan la sonrisa para que se te suba el ánimo. El simple hecho de sonreírte a ti mismo, sin tomar cuenta de quién esté a tu alrededor, te hará sentir más feliz. Has visto a gente hacerlo: una sirvienta doblando una sábana y sonriendo alegremente. Puedes pensar: "Debe de estar enamorada". Lo está, pero no necesariamente de alguien. Está enamorada de la vida. Sabe cómo alegrarse con los placeres simples. Sabe cómo disfrutar del aroma fresco que se desprende de una sábana limpia. En vez de preocuparse por todo lo que le queda por hacer, ya sea limpiar el suelo o cocinar, se queda absorta en el momento.

Algunas veces ves gente así cuando vuelves a casa del trabajo. Por un lado observas a la gente cansada, pensando todavía en el cliente que llegó de mal humor y protestando. Pero por otro lado, están aquellos que se dejan llevar por el vaivén del autobús, con caras llenas de tranquilidad y satisfacción. Hay gente alegre que puede disfrutar del movimiento durante el trayecto a casa. Están disfrutando del momento.

Otros aprovechan la ocasión para reflexionar sobre algo bueno que les sucedió durante el día: sobre alguien que les dijo lo precioso que tenían el pelo, sobre el pastel de cumpleaños que le van a hornear a su hijo que está por cumplir cinco años el sábado, o sobre lo feliz que se va a poner el niño cuando le enciendan las velas. Son personas que aprovechan el momento para meditar sobre cosas alegres y dejan que la energía positiva los inunde. Están recargando las pilas con felicidad.

¿Cuándo fue la última vez que estuviste sentado solo, esperando el autobús, leyendo un libro o cocinando y sonreíste?

EJERCICIO:
Sonríe y ríe más

Todo el mundo puede sonreír más. Todos. A continuación te propongo un ejercicio que te ayudará a aprender cómo. Puedes hacerlo en casa, en el autobús o durante un receso en el trabajo.

Siéntate. Ten a mano un cuaderno y un lápiz, aunque no los vas a utilizar enseguida. Primero, colócalos a un lado y siéntate.

Cierra los ojos y recuerda algo que te ha hecho sonreír o reír. Puede ser aquel momento de la mañana, cuando tu niña te sonrió al despertarse. Puede ser el cachorro que viste jugando con una pelota mucho más grande que él, tratando sin éxito de atraparla con los dientes. Puede ser el chiste tan gracioso que te contó tu primo el fin de semana pasado que te hizo llorar de la risa. Puede ser cualquier cosa.

Lo importante es que, sea lo que sea, lo recuerdes con lujo de detalles. Cuando viste a tu hija subiendo al autobús escolar con la mochila a la espalda. Cuando se sentó junto a la ventana y volvió la cabeza para verte y te dio una sonrisa de oreja a oreja.

Probablemente estés sonriendo ahora al recordarlo. Disfrútalo. Siente cómo se tersa la piel de tus mejillas y los labios se te abren hacia los lados. Nota cómo te sientes mejor por dentro. Sin prisa alguna. Cuando termines, anota: la sonrisa de mi hija. El cachorro jugando. El chiste de mi primo.

Siempre lleva la lista contigo. Trata de anotar algo nuevo por lo menos una vez al día. Entonces, al menos una vez al día, preferiblemente al despertar, sácala y léela. Las anotaciones te harán sonreír. Y esa primera sonrisa te preparará para sonreír más a lo largo del día.

Viviendo en el presente

Como seres humanos, pensamos demasiado. Podemos estar observando algo hermoso —un río, un niño— y podemos saltar al disgusto que tuvimos con nuestros hijos o en el trabajo. Todo eso en menos de un minuto.

Nos hemos acostumbrado a pensar de forma indisciplinada. Sin completar un pensamiento, nos vamos al siguiente y así sucesivamente. Eso nos va causando una serie de sentimientos, inclusive de ansiedad, que nos pueden paralizar o hacernos pensar que no es posible que podamos resolver todos esos problemas. ¿Cuánto tiempo pasas preocupándote por lo que pasó ayer en el trabajo? ¿O lo que dijo tu suegra? ¿Cuánto tiempo pasas preocupándote por lo que tienes que hacer el lunes cuando llegues al trabajo, a pesar de que es sábado? ¿O por el examen de inglés? ¿O por lo que tu pareja va a decir cuando le digas lo que le pasó al auto?

Todo el mundo lo hace en mayor o menor grado, pero

todos estos pensamientos son obstáculos a la felicidad. Una cosa es recordar que olvidaste terminar una tarea en el trabajo y que necesitas llegar un poco más temprano el lunes para concluirla, o que cometiste un error de cálculo en un informe que te había pedido tu jefe y debes arreglarlo en cuanto llegues a la oficina. Pero es algo completamente diferente que no puedas conciliar el sueño porque te sientes preocupado por algo que sucedió. Como dice el refrán: a lo hecho, pecho. Ha sucedido y ya está. Sea cual sea el problema, sólo puedes hacer dos cosas: aprender la lección y solucionar el problema, o aprender la lección y recordar que no debes volver a cometer el mismo error.

Cuando ocupas tu tiempo en preocuparte por algo que sucedió ayer o que va a pasar más tarde, no puedes disfrutar del momento actual. No estás viviendo en el presente. No estás aquí. Te encuentras en el pasado o en el futuro. Como consecuencia de ello, no te das cuenta de lo que está sucediendo en este momento: tu hija dando sus primeros pasos, el aroma del incienso que acabas de comprar, la comida que estás saboreando.

Es cierto que cada día debemos dedicar tiempo a reflexionar y a meditar. Pero en esos ratos, vivir el momento significa permitirnos disfrutar plenamente de ese recuerdo grato o de esas contemplaciones positivas o apacibles. Significa no darle entrada a miles de pensamientos a la vez.

Lo mismo se cumple en otros momentos del día. Necesitas concentrarte enteramente en lo que está sucediendo en el presente. Así disfrutarás verdaderamente de los momentos placenteros y dejarás que se conecten con tus emociones y te colmen de felicidad. Y podrás liberarte rápidamente de los momentos no tan placenteros. Ya habrás solucionado el problema del cliente malhumorado, por lo que te darás cuenta de que no hay motivo para seguir preocupándote. Sabrás que tendrás que disculparte con tu jefe y terminar la tarea que te había pedido tan pronto llegues a la oficina al día siguiente. Pero como todavía no es el día siguiente, ya te encargarás del problema cuando llegue el momento. No hay necesidad de que te arruine la cena.

EJERCICIO:
Saboreando el presente

¿Cómo puedes aprender a vivir en el presente? Aprendiendo a concentrarte en el momento, saboreándolo a plenitud. A continuación te presento ejemplos de cosas que te pueden ayudar. Por supuesto, puedes agregar otras y hacer las tuyas propias. Debes hacerlas diariamente, varias veces al día. El objetivo es llegar al momento en que no tengas que pensar en vivir el presente, sino hacerlo automáticamente.

1. La próxima vez que vayas a comerte una manzana (si no te gustan las manzanas, elige otra fruta), en vez de sujetarla y morderla, tárdate un poco más. Sostenla en la mano un momento, siente su

forma. Mírala y fíjate en lo roja que es. Huélela. Cierra los ojos. Ahora muérdela. Escucha el sonido que hace y siente lo crujiente que está cuando tus dientes atraviesan su piel y llegan a la suave carne en su interior. Saborea el jugo con la lengua. Escucha y siente el gusto al masticar. Sólo piensa en las sensaciones que te da esa manzana mientras la comes.

2. Prueba este ejercicio una mañana en que tengas la opción de quedarte en la cama si así lo deseas; una mañana en que no tengas que ir al trabajo ni llevar a los niños al colegio. Cuando te despiertes, no te levantes de la cama enseguida. Quédate horizontal, con los ojos cerrados y los oídos atentos. ¿Oyes pájaros o el tráfico de la calle bajo la ventana de tu apartamento? Deja que tus oídos perciban todos los sonidos posibles. Clasifícalos. Trata de distinguir todos los que puedas: el tictac del reloj, un perro ladrando en la calle, dos pájaros llamándose mutuamente, la respiración suave de tu pareja, tu propia respiración. Aprende a escuchar atentamente y aprenderás a oír de verdad.

3. Cuando estés preparando la cena, no dejes que se convierta en una simple labor doméstica. Emplea todos tus sentidos para divertirte mientras cocinas. Fíjate en los colores de las verduras

cuando las cortes; escucha el sonido que hacen los pimientos frescos al abrirlos con el cuchillo y quitarles las semillas. Cuando la comida esté en el fuego, escucha el burbujeo y el silbido del vapor que se escapa. Inhala profundamente: deja que los aromas picantes de las especias, el ajo y la carne cocinándose penetren tu nariz. Cuando pruebes la salsa con la punta de la lengua, saboréala de verdad. Disfruta los sabores que sobresalen y aquellos que se crean cuando se mezclan juntos.

En cada día se presentan cientos de ocasiones para saborear: en la ducha, de camino al trabajo, bajo las sábanas frescas antes de quedarte dormido. Concéntrate en ellos. Cada día, trata de encontrar un momento nuevo que saborear. Pronto saborearás cada momento como si fuera algo natural. No tendrás que esforzarte. Cuando alguien te hable, prestarás atención de verdad, en vez de dedicarte a pensar en lo que vas a decir, o en... lo que sea.

Hacerlo te permitirá recibir la felicidad en tu vida y seguir los 7 pasos para vivir una vida más feliz.

La jerarquía de necesidades

Existen ciertas necesidades que todos debemos satisfacer en nuestro camino hacia la felicidad. Y no creas que varían de persona a persona. Las necesidades que cada ser humano ve como importantes ya han sido identificadas.

En 1954, el psicólogo Abraham Maslow publicó una teoría que exponía que todos los seres humanos tienen cinco necesidades principales. Al satisfacer un nivel de necesidades, nos movemos al siguiente nivel de orden superior, como si estuviésemos subiendo una escalera.

En la gráfica siguiente se encuentra la jerarquía de necesidades de Maslow:

Autorrealización
Necesidades de estima
Necesidades de aceptación
Necesidades de seguridad
Necesidades fisiológicas

Según Maslow, la jerarquía de necesidades comienza con ciertas **necesidades fisiológicas** básicas que destacan al ser humano como ser biológico: aire, agua, comida, sueño y sexo.

Una vez satisfechas esas necesidades, nos damos cuenta de que tenemos otro grupo de necesidades que tienen que ver con **la seguridad**. Ansiamos estabilidad y constancia en un mundo caótico. Anhelamos la seguridad que nos proporciona una casa y una familia. A menudo los adultos no reconocen la forma en que los afecta la falta de seguridad, aunque las experiencias de nuestra infancia dejen huellas indelebles. Un niño que se crió en una casa en la que a veces escaseaba la comida puede convertirse en un adulto que come a toda hora o que constantemente necesita tener la nevera llena.

La necesidad de tener seguridad y estabilidad es diferente a la necesidad de dar y recibir amor. No queremos sentirnos solos. A uno le puede gustar la soledad, pero a nadie le gusta *sentirse* solo. Queremos sentirnos **aceptados** como parte de un grupo. Clubes sociales, grupos religiosos, la familia e inclusive las pandillas pueden satisfacer esta necesidad.

Esta necesidad de aceptación social esclarece la gran ironía de los inmigrantes que viajan a EE.UU. en busca de una mejor vida para sus hijos, pero luego ven que éstos entran a formar parte de pandillas de delincuentes. El marido y la mujer consiguen dos o tres trabajos para mantener a su familia. Les dan a sus hijos una casa, comida, ropa y la oportunidad de una buena educación. Sin embargo, los padres trabajan tan duro para darles todo esto, que acaban por nunca estar en casa. Entonces sus hijos buscan la "familia" que necesitan y la encuentran en una pandilla. Terminan metidos en problemas y sus padres se preguntan: "¿En qué nos equivocamos? Les dimos todo".

Después de satisfacer estos primeros tres niveles, descubrimos la necesidad de la **estima**. Esto incluye el amor propio —sentirse capaz y competente—, al igual que la atención y el reconocimiento que se recibe de los demás.

Por último, Maslow expresó que cuando se satisfacen todas las necesidades, hallamos la necesidad máxima: **la autorrealización**, que según Maslow, es la necesidad de "convertirnos en todo lo que somos capaces de ser". Quizá tengamos sed de conocimiento, de paz interior o de unidad con Dios. Sea lo que sea, cada uno de nosotros necesita lograr hacer lo que nació para alcanzar; todos debemos realizar al máximo nuestro propio potencial. Como dijo Maslow, "El músico debe componer música, el artista debe pintar y el poeta debe escribir, si quieren vivir en paz consigo mismos".

Es muy importante saber que hay un propósito en la vida. Es importante tener esa creencia, llámale fe, de que tú fuiste creado con un propósito muy especial en este mundo. No necesariamente tiene que significar que vas a ser presidente, pero podrías ser la persona que hace los mejores flanes del planeta o la persona que puede enseñarle a un niño a leer. Se trata de encontrar una razón de ser. En francés le llaman *la raison d'être*. Y al encontrar esa razón, puedes definirla como misión y eso te va a dar felicidad.

Podemos ir a distintas partes del mundo y ver personas que aún cuidan ganado y llevan a las ovejas a pastar, y así son felices. Se les nota en la paz del rostro, en la aceptación de su vida, que son felices. Por eso creo que la aceptación es un factor que conduce a la autorrealización.

Recordemos a la Madre Teresa de Calcuta. Quizás si a ti o a mí nos pusieran en un centro de leprosos en la India, no seríamos felices. Quizás porque ésa no es nuestra misión. Sin embargo, la Madre Teresa era muy feliz haciendo su obra. Ella fue autorrealizada por sus obras de beneficencia, y fue una persona feliz y en paz consigo misma.

Ahora tienes que pensar:

¿Cuáles de estas cinco necesidades he satisfecho?

¿Cuáles me faltan por desarrollar más?

Si sigues leyendo, te enseñaré cómo satisfacer estas necesidades y muchas otras para vivir una vida más feliz.

Capítulo dos

―◆―

LA RAÍZ DE NUESTRAS EMOCIONES

PASO 1:
Reconoce las creencias que te atan

Las creencias juegan un papel muy importante en cuán felices somos. ¿Qué son creencias? Las creencias son los pensamientos que formamos acerca del mundo y que tomamos como verdaderos. Por ejemplo, consideren a Lydia, una mujer que recién se enteró que su esposo la engañaba con otra mujer. Con el corazón destrozado, Lydia tomó la decisión de divorciarse de su esposo. Desde entonces ha salido con varios hombres, pero después de unas pocas citas surgían los celos y las sospechas: "¿Quién es esa mujer que te llama constantemente al celular? ¿Desde hace cuánto tiempo que conoces a tu 'amiga' Nancy? ¿Por qué vas a salir con ella esta noche y no conmigo?" Lydia le declaraba a sus amigas: "Todos los hombres son iguales". Como era de esperarse, las relaciones con esos hombres duraron muy poco tiempo.

Sin darse cuenta, Lydia está limitando la posibilidad de formar una relación exitosa y duradera con un hombre que le será fiel. Está permitiendo que su creencia acerca de los hombres —su creencia de que todos le serán infiel tal como lo fue su exesposo—, obstruya su camino hacia la felicidad. Puede que los hombres con los cuales ella salió fueran los hombres más fieles y cariñosos del mundo, pero ella no lo pudo ver. Ahora nunca lo sabrá; perdió su oportunidad. Y esa no es la peor noticia: aquella creencia que ella se formó a base de una experiencia negativa la perjudicará por el resto de su vida a menos que ella la elimine.

De eso se trata este capítulo: de aprender a identificar las creencias negativas que cargas por dentro —tal vez sin darte cuenta—, para así eliminarlas de tu vida. Las creencias negativas son unos de los principales obstáculos a la felicidad: te hacen esperar siempre lo peor en la vida, te hacen temer y dudar. En vez de decirte: "Bueno, ésa es una lección. Voy a evitar hacer lo mismo en el futuro", formas una creencia de que todo es malo en el mundo. Las creencias se pueden considerar como filtros a través de los cuales percibimos la realidad. Las creencias *forman* nuestra realidad. Por consecuencia, si nuestras creencias son más negativas de lo que necesitan ser, nuestra realidad también será más negativa de lo necesario. Para cambiar tu realidad e imbuirla de felicidad, primero cambia tus creencias.

¿Cómo cambiamos nuestras creencias? Para deshacernos de una creencia, adivina lo que tenemos que dejar atrás: la emoción que nutre esa creencia. Esos temores y esas dudas que sustentan la creencia. En el caso de Lydia, su temor a que le volvieran a ser infiel era lo que sustentaba su creencia de que todos los hombres le serían infieles. Esa creencia, a cambio, nació de una sola experiencia negativa; de una situación aislada en la cual su esposo le estaba siendo infiel. Para ponerlo de forma más simple: primero ocurre una experiencia, de la cual nace una creencia. Esa creencia, a cambio, te causa todo tipo de emociones. Aquí tienes un diagrama que ilustra la conexión entre nuestras experiencias, nuestras creencias y nuestras emociones:

POSITIVAS/NORMALES
(pensamientos positivos, temores normales, estrés controlado)

EXPERIENCIAS ⇒ CREENCIAS ⇒ EMOCIONES

NEGATIVAS/EXAGERADAS
(fobias, miedos exagerados)

Este capítulo es muy importante, ya que te demostrará que muchas de las emociones negativas que sientes ahora se deben a creencias que te has formado a raíz de experiencias negativas del pasado.

Si estás convencido de que la vida es difícil, pregúntate:

¿Por qué creo eso?

¿Quién me enseñó a creerlo?

¿Cómo ha afectado mi vida esta creencia?

¿Qué serie de circunstancias respaldaron esa creencia?

¿Esa creencia contribuye a mi felicidad? ¿O me hace sufrir?

Entonces pregúntate: ¿Qué le ocurriría a mi vida si no tuviera esa creencia?

Simplemente quiero animarte a que observes, desde cierta distancia, cómo vives tu vida. Recuerda que las creencias se forman bajo la premisa de que son un reflejo de la verdad, pero no necesariamente lo son. Es *tu versión* de la verdad, y no la verdad en sí. Si nuestras creencias nos limitan de una u otra manera, porque nos hacen creer que somos incapaces de hacer algo o de ser felices en general, será muy difícil realizar nuestros sueños y ser más felices. Con esto en mente, ¿estás listo para abrirle los ojos a la realidad en vez de mirarla a través de creencias dañinas?

Las huellas del pasado

Vamos a comenzar con la raíz de nuestras creencias, con la primera parada en el diagrama que te mostré anteriormente: las experiencias negativas del pasado. Me gustaría enfocarme en la época de la niñez, porque las experiencias de la niñez acaban formando una gran parte de nuestras creencias. Muchos padres son los principales responsables de las creencias que nos afectan en la adultez. Por ejemplo, el padre de Rodrigo siempre le dijo que su juego de béisbol estaba pésimo y que lo necesitaba mejorar. Las exigencias de su padre crearon una experiencia negativa para Rodrigo, y ahora la creencia que él formó es, "No tengo talento para el béisbol". En esencia, esta creencia hizo que Rodrigo desarrollara una reacción de ansiedad y temor ante el béisbol: se ponía ansioso cada vez que iba jugar en un partido y temía perder el cariño de su padre si no jugaba bien. A la vez, Rodrigo comenzó a juzgarse a sí mismo y a criticarse. La creencia de Rodrigo lo impidió tener una perspectiva realista de sus capacidades. Aunque quizás sí tuvo cierto talento para el béisbol, ahora nunca lo va a saber. Su fantasía de convertirse en jugador de béisbol profesional se desvaneció, y comenzó a pensar que no sabía hacer nada bien. Esto es lo que pasa con las creencias negativas: no vienen de la realidad, sino de cómo *imaginamos* esa realidad.

Pensemos también en los padres que siempre les están gritando a sus hijos. Muchas veces esto causa que los niños sientan temor a expresarse en voz alta. Se vuelven tímidos o peor, se terminan convirtiendo en gritones en la adultez porque se criaron con la creencia de que la manera de ganar una discusión o de disciplinar a los hijos es con gritos.

En cambio, si los padres constantemente le dicen a su hijo que es inteligente y capaz, entonces lo van llenando de confianza. Ese niño crece con la creencia de que sí es capaz e inteligente, de que puede enfrentarse a lo que la vida le presente y de que puede ser exitoso. Buenas experiencias en la niñez sientan las bases para creencias positivas.

Repitiendo el patrón: de padre a hijo

Una de las razones más importantes por las cuales todos debemos aprender a identificar las creencias dañinas de nuestras vidas es para que evitemos proyectarles esos mismos temores a nuestros hijos. Sólo porque tuviste una mala experiencia en la niñez que te creó una creencia negativa no significa que tu hijo necesita heredar la misma creencia.

Tomemos el ejemplo anterior de Rodrigo, quien pasó su niñez pensando que no era bueno para el béisbol. Ahora que tiene sus propios hijos, puede desprenderse de esa antigua creencia y dejar que sus hijos sigan sus propios sueños en los deportes, o puede proyectarles esa creencia y por lo tanto convencerse de que sus hijos tampoco van a ser exitosos en el béisbol. Si piensa de la segunda forma, su creencia se canalizará en dos extremos muy negativos. Por un lado, él podrá impedir que sus hijos jueguen béisbol porque está convencido de que no podrán jugar bien, de que les espera el fracaso. Puede ser que uno de sus hijos sí tenga talento para el béisbol, pero por culpa de su papá, no lo podrá desarrollar. Por otro lado, Rodrigo podrá forzar a sus hijos a jugar béisbol y hacerlos tomar una cantidad ridícula de clases especiales hasta que sus vidas no vayan más allá del béisbol. No importará que sus hijos prefieran el fútbol, porque Rodrigo siente que necesita sobrecompensar los defectos que su propio padre le inculcó.

Evidentemente, la mayor parte de nuestras creencias

se forman en la niñez como consecuencia tanto de experiencias positivas como negativas. Otras se desarrollan en la adultez, como en el caso de Lydia. En ambos casos son igual de dañinas, cuando se trata de creencias negativas. Por eso, el primer paso para ser más feliz es:

PASO 1: *Reconoce las creencias que te atan*

Por lo general, una creencia empieza con la frase: "Yo soy…" o es algo que te pasa a ti: "Nadie me quiere". Es un pensamiento o una opinión muy general que tienes acerca de ti mismo y de cómo ves tu vida. He aquí algunas de las creencias más comunes:

Creencia negativa	Categoría
"Soy inepto, inferior"	*Éxito*
"Nadie me quiere"	*Amor*
"No soy interesante, importante"; *"Me siento solo"*	*Aceptación*
"Nunca entiendo nada"; *"Soy estúpido"*	*Valor personal*
"Siempre hay peligro a mi alrededor"	*Seguridad*

EJERCICIO:
Las creencias

Antes de especificarte cómo es que las creencias ejercen su daño sobre ti, haz este ejercicio para identificar algunas de tus creencias actuales.

Reflexiona sobre tus creencias:

- *¿Qúe crees acerca de tu éxito? ¿Has tenido éxito en tu vida?*
- *¿Qué crees acerca de las relaciones? ¿Te sientes querido?*
- *¿Qué opinas sobre el dinero? ¿Sobre la salud? ¿Sobre el trabajo? ¿Sobre la espiritualidad? ¿Sobre el bienestar de tus hijos?*
- *¿Qué opinas sobre ti mismo? ¿Cuáles son tus cualidades más importantes?*
- *¿Cómo te sientes acerca del mundo a tu alrededor?*

Después analiza:

¿Cómo se originó esa creencia?
¿Quién dice que es cierta?
¿Por qué pienso eso?

Actitudes irracionales
que alimentan las creencias

Al poseer una creencia negativa, tendemos a malinterpretar la realidad de modo que confirme esa creencia. Las siguientes actitudes irracionales ayudan a mantener vivas las creencias negativas que ya tienes. Regresa a la lista de creencias que acabas de crear con el último ejercicio. ¿Algunas de tus creencias fueron negativas? ¿Crees que algunas de las siguientes actitudes irracionales contribuyen a que sigas teniendo esas creencias?

Catastrofismo: Exagerar las consecuencias negativas de una situación hasta convertirla en algo terrible. Agravas tu propia situación en tu mente en vez de aliviarla.

Exigencias: Tener exigencias poco realistas en vez de preferencias es fruto de un pensamiento inflexible y absolutista basado en tener necesidades en lugar de deseos. Si esperas que todo salga exactamente a tu manera, tendrás muchas experiencias decepcionantes que podrán producir creencias negativas.

Evaluaciones globales de los seres humanos: Si una persona comete un error, asumes que otras personas parecidas harán lo mismo. Y en lugar de juzgar las acciones o cualidades individuales de una persona, te formas una opinión muy generalizada de ellos. Por ejemplo, en vez de decir: "Es inteligente y buena gente, aunque ayer se olvidó de mi cumpleaños", dices: "Se olvidó de mi cumpleaños; qué mala persona es".

Estas tres actitudes irracionales agravan tus creencias actuales porque ayudan a que se confirmen en tu mente. Sigue leyendo para encontrar la forma de deshacerte de tus creencias de una vez por todas.

Emoción atrapada

Si vuelves al diagrama del desarrollo de las creencias en la página 36, lo primero que aparece son las experiencias, las cuales ya hemos discutido. De las experiencias nacen las creencias. Ahora quiero contarte de las consecuencias de esas creencias: las emociones.

Lo que sentimos cuando nos sentimos mal no son nuestras creencias en sí —son las emociones que las creencias generan. Si crees que tarde o temprano tus amigos terminan por abandonarte, esa creencia generará un miedo a que te abandonen. Cuando ocurre una situación que te recuerda la experiencia original —en este caso, aquella vez en que te abandonaron dos de tus mejores amigos—, la emoción vuelve a surgir, y ahí es cuando tienes la opción de volverla a experimentar, liberarla o silenciarla.

Si la silencias, tú sabes bien que es para que vuelva a aparecer. Cuanto más la quieras callar, cuanto más reprimas la emoción, más fuerte se tornará. Aquellas experiencias de niñez de abandono, de muerte en la familia, de pérdida de amigos o de divorcio provocan emociones negativas que después —si no se procesan correctamente— se convierten en creencias que vuelven a surgir una y otra vez. Para deshacernos de una creencia, primero es necesario lidiar con la emoción que alimenta esa creencia.

Reconocer la emoción detrás de la creencia

Cuando identifiques una de tus creencias, mentalmente necesitas volver a la experiencia que dio pie a esa creencia; necesitas acordarte de la emoción que sentiste cuando ocurrió ese evento.

Este es un punto importantísimo. Tomemos el ejemplo de Laura, quien dice, "Soy fea". Ella tiene que reconocer que esa creencia la está limitando, y tiene que volver al suceso y a la emoción detrás de esa creencia: "Me siento mal porque me acuerdo que una vez mi mamá me dijo que yo no era tan bonita como mi hermana".

Al entrar en este proceso de análisis y observación, se tiene que preguntar: "¿Por qué pienso eso? Si todo el mundo me dice lo atractiva que soy, entonces ¿por qué estoy todavía atada a esta idea?"

Tarde o temprano, llegará a lo que se esconde detrás de esa creencia: "Porque me dolió mucho que mi madre me lo dijera". Al hacer esa conexión, puede empezar a liberarse. Lo que está manteniendo esa creencia viva es el recuerdo —tal vez subconsciente— del dolor que sintió. Está reconociendo lo que la ata, y lo que tiene que soltar para sentirse bien con sí misma. Ese es el primer paso: reconocer. Mientras no lo hagas, no podrás deshacerte de la creencia.

Para reconocer la emoción que está detrás de una creencia, tienes que ponerte en un modo de observación constante. El día entero. Tienes que preguntarte:

¿Cuál fue el evento que me provocó?

¿Qué emoción está causando esto en mí?

¿Por qué me sentí así?

Para reconocer las experiencias y las emociones que se esconden tras tu creencia, yo creo que te ayudaría dibujar un diagrama como el que te mostré al principio del capítulo; un diagrama que incluya la experiencia, la creencia que resultó de esa experiencia, y las emociones y pensamientos que han resultado de esa creencia. Por ejemplo, si Lydia dibujara un diagrama, se vería como el que se encuentra a continuación. Haz lo mismo con tu creencia:

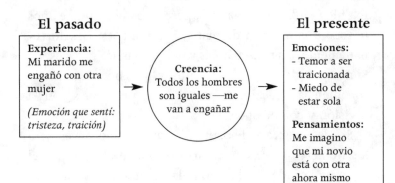

El pasado		El presente
Experiencia: Mi marido me engañó con otra mujer *(Emoción que sentí: tristeza, traición)*	**Creencia:** Todos los hombres son iguales —me van a engañar	**Emociones:** - Temor a ser traicionada - Miedo de estar sola **Pensamientos:** Me imagino que mi novio está con otra ahora mismo

Hay veces que no sabemos de dónde viene una creencia negativa. O sea, no nos acordamos de la experiencia que nos marcó y produjo esa creencia. Quizás te sientas torpe con otras personas y no sepas por qué. Es posible que alguien te haya dicho una vez que eras aburrido y ahora no te acuerdas del evento; pero por otro lado muchas personas hoy en día te dicen que eres divertido. Esta contradicción entre que lo que te dicen los demás y la manera en que te sientes es muy común, pero entonces tienes que preguntarte: Si todos me dicen que soy divertido, ¿por qué no me siento así? No necesariamente tienes que acordarte de quién te dijo hace diez años que eres aburrido, pero sí necesitas reconocer que tienes esa creencia negativa para poder superar esa emoción dañina y pensar de forma más positiva.

Cómo superar una creencia negativa

Pensemos en este ejemplo: vamos a decir que siempre te iba bien en las matemáticas, pero que a los quince años te tocó una maestra de matemáticas inepta. Desafortunadamente, las matemáticas son una materia progresiva. Si no aprendes las tablas de multiplicar, o no te explicaron bien las fracciones, vas a tener problemas con la división y con el álgebra.

Si a la maestra se le ocurrió decir: "Tú no sirves para los números", ese comentario te puede afectar por el resto de la vida. Te lo dijo delante de toda la clase. Te avergonzó delante de tus compañeros. Es casi seguro que tomarás su comentario y lo formularás como una creencia verídica: "Yo no sirvo para los números".

El primer paso para eliminar esta creencia es el análisis y la observación: "¿Por qué me creí lo que me dijo la maestra? ¿Por qué lo tomé como verdad?" El segundo paso es reconocer la emoción que alimenta la creencia: "Me lo creí por los sentimientos de vergüenza, ineptitud y desilusión que me hizo sentir el comentario de la maestra. Desde ese momento, cada vez que tenía que trabajar con números, volvía a sentir esa vergüenza e ineptitud".

Ahora que has reconocido la emoción que te tiene preso, vuelve a la experiencia que la originó: ¿Estás seguro de que aquella maestra sabía de lo que estaba hablando? Puede que fuera una inepta, y que prefiriera culpar a sus estudiantes en vez de tener que aceptar que no era muy buena maestra. O, en el caso de que sí fuera buena maestra, tal vez tú simplemente preferías irte al cine con tus amigos en lugar de estudiar. De ser así, esto no significa que fueras inepto para los números; sólo significa que necesitabas dedicarle más tiempo a prepararte para los exámenes y las tareas.

Este es un punto muy importante. Si no te fue bien en las matemáticas en la secundaria, lo más probable es que la explicación sea *circunstancial*. Haber tenido una maestra inepta, no haber estudiado lo suficiente para los exámenes o no haber prestado suficiente atención en clase son todas explicaciones circunstanciales. También son muy creíbles. En vez de considerar estas causas, tú optaste por la única que era permanente: que no sirves para los números bajo cualquier circunstancia. Esa es la naturaleza de las creencias: automáticamente pensamos que se aplican bajo cualquier circunstancia. Lydia, por ejemplo, asumió que como su esposo le había sido infiel, *todos* los demás hombres que tendría en la vida también le serían infieles. Optó por una creencia permanente en vez de considerar el evento como algo circunstancial, algo que se limita solamente a su esposo.

¿Qué puede ocurrir si en vez de pensar: "Yo no sirvo para los números", te dices: "Yo creo que aquella maestra no me enseñó esta materia muy bien, mejor repaso el material con un tutor"? Con este nuevo punto de vista entenderás que tú no eres el problema; que no hay nada de malo contigo. Entenderás que lo más probable es que el problema sea algo externo a ti —circunstancial—, y que se puede arreglar. Te buscarías un tutor, y te darías cuenta de que sí puedes aprender las matemáticas. Empezarías a creer en ti mismo. Poco a poco el sentimiento de ineptitud del pasado desaparecerá cuando te des cuenta de que sí puedes seguir adelante; de que si tienes una mala experiencia, lo mejor es limitarla a las circunstancias en vez de proyectarla al futuro. Si te resbalas y te caes a la piscina, tuviste un mal día; no significa que lo mismo te ocurrirá cada vez que pases por una piscina.

EJERCICIO:
Acuérdate

Recordar los episodios del pasado para analizarlos en el presente nos ayuda a cambiar nuestra reacción emocional a esas ocurrencias del pasado. Aquí tienes un ejercicio que te puede ayudar:

Cierra los ojos y relájate bien.

Acuérdate de un incidente de tu pasado que te haya molestado.

Tu papá te llamó un estúpido. Tu novio te dijo que estabas demasiado gorda para él.

¿Cómo te sentiste en aquel entonces?

Ahora visualízalo, con los mismos sentimientos y emociones. Empieza a ver qué sucede cuando revives esa situación en el presente. Por un lado está el tú que está en esa situación. Por el otro está el tú que está mentalmente observando la situación.

Este ejercicio es muy importante para que notes la diferencia entre el tú que está pasando por la experiencia y cómo te sientes observándolo. Porque una vez que te pongas a observar el evento, notarás que te sientes mejor. Mientras se llevaba a cabo el evento te sentiste preso de lo que ocurría; en el presente estás en control de la situación, y tu reacción a esa situación se pueden cambiar. No necesitas aceptar que te traten así, que te digan cosas feas. No necesitas continuar creyendo que lo que te dijeron es cierto. Si tu papá te llamó un estúpido, puede que haya estado de mal humor e injustamente se desquitó contigo. Si tu novio te dice que estás gorda, tal vez te está celando y quiere controlarte con la táctica de hacerte sentir insegura. Si cambias tu forma de pensar y vives tu vida desde la suposición que no hay nada de malo contigo, siempre sentirás que las faltas se encuentran en las circunstancias y no en ti mismo.

Las personas con autoestima alta tienen menos creencias negativas

El poder de atribuir una mala experiencia a las circunstancias en lugar de tomarla personalmente tiene mucho que ver con nuestra autoestima. La autoestima es nuestra capacidad para amarnos y pensar de forma positiva.

Nosotros tenemos el poder de decidir quiénes somos y también de establecer si estamos contentos con nosotros mismos o no. Si se tiene una autoestima baja, todas las emociones y creencias negativas se aumentan y es mucho más probable que digas "Qué tonto soy" en vez de "Debí estudiar más para el examen". La probabilidad de que formes creencias aumenta y comienzas a dudar de ti mismo. Y ahí es cuando comienzas a rechazar parte de tu ser o de tu personalidad, lo cual puede ser muy destructivo. Cuando uno se autorechaza, es igual que cuando uno tiene una herida o se da un golpe:

tratamos de evitar utilizar esa parte de nuestro cuerpo. Lo protegemos, por temor a que nos duela. A nivel emocional tratamos de evitar aquellas situaciones que creemos que nos van a herir íntimamente.

Si, por ejemplo, pensamos que no somos inteligentes, evitamos situaciones en que la inteligencia sea primordial. Si pensamos que no somos agradables o bien parecidos, evitamos situaciones sociales por temor a ser juzgados o comparados con los demás que están presentes. Buscamos todo tipo de excusas para no empujarnos a tener éxito o ser sociables; inclusive llegamos a evitar buscar empleo por temor a ser rechazados. Todo esto se lo debemos a una evaluación propia que nos dice que no somos adecuados. Al sentir que somos inútiles, pensamos que tenemos que complacer en extremo a nuestra pareja o a nuestros familiares, porque estamos dejando que nuestra autoestima se base en lo que puedan pensar los demás.

Muchas veces encontramos que una muchacha que está en una situación de violencia doméstica sufre de baja autoestima. Como no se valora a sí misma, piensa que se merece los golpes. No le importa que le digan estúpida, porque eso es lo que ella cree de sí misma. Ella misma comparte esa creencia. Si este tipo de mujer me llama al programa, yo le pregunto: "¿Tú te respetas?" Le hago esa pregunta porque al final del día, esto es cuestión de autorespeto. A mí alguien me puede decir: "Tú eres una estúpida", pero como yo no me creo estúpida, me resbala. Aun si cometo un error, no me digo que soy estúpida. Sé culpar a las circunstancias y no a mí misma, porque tengo una autoestima saludable. Mira, por ejemplo, esta tabla que hace la conexión entre nuestra autoestima y nuestra habilidad para encontrar causas *circunstanciales* para nuestros errores:

La gente con autoestima baja se culpa a sí misma	...y la gente con autoestima alta culpa las circunstancias
"No salí bien en el examen. Qué bruto soy".	"La verdad es que me fui al cine anoche en vez de estudiar un poco más para el examen de hoy. Si hubiese estudiado más, seguro que hubiese sacado mejor nota".
"Es la décima vez que daño el flan. No sé cocinar".	"El flan es difícil de hacer, y toma práctica. Pronto saldrá tan rico como mi arroz con leche".
"Cometí un error. Nunca voy a sobresalir en el trabajo".	"Todos cometemos errores. Ya tendré mi oportunidad para destacarme".

"Mi novio me dejó. Los hombres nunca se enamoran de mí".	"Supongo que él y yo no hacíamos buena pareja. Estoy triste, pero hay otros hombres en el mundo. Igual que lo conocí a él, con el tiempo conoceré a un hombre que me amará y querrá estar para siempre a mi lado".

Si lo que alguien te dice toca algo de tu ser, o es una percepción negativa que guardas sobre ti mismo, vas a reaccionar como si lo que esa persona te está diciendo fuera verdad. En vez de decir "¿Por qué me dijo eso? ¿De dónde salió eso?", vas a decir "Es cierto".

Si tenemos una autoestima alta, es todo lo opuesto. Como sabemos dónde estamos parados, nuestra felicidad no está basada en la aceptación o la aprobación de los demás. La autoestima la encontramos dentro de nosotros mismos. Es como una luz que llevamos por dentro que nos alumbra el camino y nos permite ver la realidad. Nos quita la oscuridad de las malas experiencias del pasado. Y, al poder ver y reconocer la realidad, nos permite ver y reconocer la verdadera felicidad.

El propósito de este libro es de hacerte pensar de forma más positiva. De hecho, hay un capítulo entero dedicado al tema. Pero antes de cambiar nuestro comportamiento, tenemos que identificar las creencias que nos están impidiendo la felicidad. Ese paso lo acabas de tomar.

Tenemos que conocernos mejor

En este capítulo te enseñé cómo identificar tus creencias y cómo tus creencias llegan a influir en tus pensamientos y tu felicidad en general. Mientras más nos entendamos por dentro, más felices y exitosos nos sentiremos. Hay una conexión entre el interior y el exterior. Si identificas tus emociones negativas por fuera, puedes reconocer las creencias que te atan por dentro.

Por ejemplo, si dices algo que te produce rabia y te enfadas, canalizas esa rabia acumulada hacia tu interior. Vas a seguir con ese pensamiento, y de ahí puedes desarrollar pensamientos negativos: "Me pasó esto. Él me lo hizo porque yo soy así". Tú mismo vas a proyectar esa rabia hacia tu interior.

Estás, en ese momento, convirtiendo un pensamiento en un sentimiento y estableciéndolo en tu interior. Cuando afrontemos una situación parecida en el futuro, nos vamos a conectar con ese pensamiento, y ese sentimiento va a surgir de nuevo.

Para proteger tu autoestima y evitar formarte creencias negativas, necesitas tener conocimiento propio y poder reconocer lo que te hace daño —lo que te baja la autoestima y te hace menos feliz. Al observarte, puedes darte cuenta de qué cambios tienes que hacer en tu vida.

Si no sabemos quiénes somos, no tenemos ninguna base para distinguir entre lo que nos hace daño y lo que nos hace feliz. Por ejemplo, cuando uno quiere cambiar el comportamiento de un niño, primero necesita lo que se llama una línea de referencia. Hay que saber cómo se comporta el niño normalmente para realmente evaluar cuánto cambia su comportamiento al alterarse o molestarse. De la misma manera, los adultos tenemos que cuestionarnos a nosotros mismos para encontrar nuestra línea de referencia. Creo que hay una serie de observaciones que podemos hacer. Por ejemplo:

¿Cómo nos comportamos cuando estamos solos?

¿Cómo nos comportamos en una situación desagradable?

¿Cómo somos en nuestras relaciones?

¿Cómo nos comportamos en el trabajo?

Yo creo que al hacer este tipo de evaluación, nos empezamos a encontrar con nuestra realidad. La observación propia te lleva a reconocer tu realidad; te ayuda reconocer lo que te hace feliz y lo que te frena la felicidad. Si cuando estás solo, sin tu pareja, te sientes más feliz, eso responde a muchas preguntas.

Estas son las preguntas que necesitamos hacernos para comprender quiénes somos. Al entendernos mejor y analizar lo que podemos hacer para sentirnos mejor con nosotros mismos, nos daremos cuenta de que todas esas creencias negativas no son más que opiniones que se pueden cambiar. Así vas enfrentándote a situaciones en tu vida con la cara en alto, y la próxima vez que te ocurra una mala experiencia, sabrás dejar que te resbale en vez de asumir que se trata de un defecto tuyo. Ya no sentirás el impulso de recurrir a creencias dañinas, lo cual te permitirá liberarte y alcanzar un mayor grado de felicidad en tu vida.

Ahora que hemos identificado nuestras creencias, podemos empezar el proceso de desprendernos de lo que nos ata. En el próximo capítulo te ayudaré a distinguir entre las emociones que te hacen daño, y en el Capítulo 4 te daré varias herramientas para disminuir estas emociones negativas.

Capítulo tres

LOS ENEMIGOS PRINCIPALES: ESTRÉS, TEMOR Y ANSIEDAD

PASO 2:
Identifica las emociones que te hacen daño

Los obstáculos a la felicidad se nos presentan de diversas formas. Nuestras creencias, nuestra autoestima y hasta los pensamientos diarios nos pueden impedir el camino hacia una vida más feliz. Estas tres cosas, las cuales discutimos en el capítulo anterior, ejercen su daño internamente. Es decir, viven y operan en nuestro interior.

También existen obstáculos externos. Éstos pueden ser una persona, una cosa, un ambiente, un comentario o un evento que, por una razón u otra, nos provoca una reacción emocional que nos hace daño. Las reacciones emocionales más comunes a los obstáculos externos son el estrés, el tremor y la ansiedad, dependiendo de la situación.

El **estrés** es un cansancio, un agobio mental y emocional provocado por la necesidad de completar una tarea bajo condiciones más extremas de lo normal. Por ejemplo, quizás por lo general no te da estrés tener que recoger a los niños del colegio. Pero si un día se te ha hecho tarde para llegar a una cita importante, aún tienes que recoger a los niños del colegio y para colmo estás en medio de un atasco de tráfico, entonces puede que sientas estrés.

El **temor** es el miedo que sientes por algo que puedes identificar, como los perros o las alturas. La **ansiedad** es otro tipo de miedo, pero uno menos específico; es un estado más general de inquietud, nerviosismo e inseguridad que se siente ante una situación o en anticipación de una situación. Puedes sentirte ansioso y ni saber por qué —le tienes miedo a un peligro que todavía no se ha definido en tu mente. Por ejemplo, la anticipación de un examen te puede provocar ansiedad. No es que le tengas temor al examen, sino que simplemente te pones nervioso cuando piensas en él.

El no enfrentarte a estas reacciones es otra causa principal de la infelicidad. Nos quedamos estancados ante el estrés, el temor o la ansiedad, y esa cuerda nos ata. Es más, si no tratamos de disminuir estas reacciones de immediato, en el futuro podemos padecer de condiciones más serias, como la depresión. Hasta que aprendamos a identificar las emociones negativas que nos dominan para luego controlarlas, seguiremos estando plagados por reacciones negativas que no nos permitirán alcanzar la felicidad.

Tres reacciones emocionales

Por lo general, el estrés, los temores y la ansiedad son respuestas normales a situaciones difíciles. Tal como la felicidad es necesaria, también sentirnos agobiados y con miedo hasta cierto punto es necesario en algunas situaciones. Si estás manejando y hay un auto que está a punto de chocar con el tuyo, si no sintieras miedo, no tratarías de moverte y salvarte la vida. Si no sintieras un poco de presión en el trabajo, quizás te volverías menos cuidadoso y podrías perder el trabajo.

Pero cuando dejamos que las emociones negativas se amontonen, llegan a amenazar nuestra felicidad porque hemos perdido el control sobre ellas. Puede que hayamos evitado reconocer que estamos experimentando síntomas de estrés, temor o ansiedad, pero gotita a gotita se nos va llenando el vaso hasta que sentimos que no aguantamos más. Por ejemplo, piensa por un momento en la ponchera más linda que te puedas imaginar. Yo tuve una ponchera así; jamás en mi vida he vuelto a ver ese tipo de ponchera. Era de cristal labrado, inmensa, bella.

Un día, una amiga mía de la niñez me preguntó:

—¿Me prestas la ponchera?

—Sí, ¡cómo no! —le dije.

Y mientras llevábamos la ponchera desde la cocina hasta el bar de afuera, ¡paf!, se rajó por la mitad.

¿Por qué? Venía con una rajadurita de la que yo no me había percatado, y con el cambio de temperatura nada más —del aire acondicionado adentro al calor de afuera—, se rompió.

Eso es lo que pasa con nosotros. Somos como vasijas. Todos venimos con rajaduritas casi imperceptibles que, con suerte, se mantienen imperceptibles. Pero si la presión que le ponemos a esas rajaduritas llega hasta cierto nivel, se forman grietas que acaban por destruirnos.

Si no nos enfrentamos a nuestras reacciones negativas ahora mismo, se pueden formar problemas más graves en el futuro. Por eso, para poder liberarte del estrés y llegar a la felicidad, el segundo paso es:

PASO 2: *Identifica las emociones que te hacen daño*

Es decir, ¿es estrés, temor o ansiedad? ¿Cuándo surge? ¿Cómo se manifiesta?

Escribe una lista de cosas que te afectan negativamente. Por ejemplo: "Tengo miedo de que mi hijo saque malas notas". Entonces, mira bien lo que escribiste y trata de ver si se trata de estrés, temor o ansiedad. Aunque estas reacciones puedan parecerse —por ejemplo, a veces sentimos ansiedad con algo que nos produce temor o estrés—, cada una tiene sus particularidades y las estrategias para lidiar con cada una son diferentes.

Al identificar una reacción en particular, podrás

apuntar a lo que tienes que solucionar si no quieres tener esa reacción. Es una cosa saber que tu automóvil está roto y no anda, pero hasta que no identifiques si se trata de la gasolina o de la batería, no podrás arreglarlo. Más adelante te enseñaré cómo usar herramientas que te ayudarán a controlar tu reacción y reducir el estrés y la ansiedad, como el poder de los pensamientos positivos y la respiración profunda. Primero, vamos a aprender a distinguir entre las principales reacciones negativas que nos impiden el camino hacia la felicidad. He aquí algunos ejemplos de las tres reacciones:

Lo que me afecta	Reacción emocional
"Sólo me quedan quince minutos para completar este examen".	ESTRÉS
"No quiero entrar en el sótano; le tengo miedo a la oscuridad".	TEMOR
"Tengo miedo que nunca voy a encontrar una pareja".	ANSIEDAD

En las siguientes secciones, te explicaré más a fondo lo que son el estrés y los miedos, y cómo controlarlos. También te mostraré la diferencia entre reacciones normales e irracionales, para que puedas empezar a identificar lo que te hace daño.

EL ESTRÉS

Yo encuentro que el estrés es una palabra utilizada en exceso, ¡y tan negativa también! Todos en este mundo sentimos estrés en algún momento: cuando el niño está llorando, el teléfono está sonando, los frijoles se están quemando en la cocina, y... bueno, lo de todos los días. Eso, desafortunadamente, es normal. Lo cual significa que no todos los casos de estrés son malos.

Por lo general, cuando hablamos del estrés, en realidad nos referimos a nuestra reacción a una situación difícil, a esa sensación de agobio: hay tanto que hacer en tan poco tiempo. Creemos que no vamos a poder terminar nuestras tareas, como producir lo requerido en la línea de ensamblaje, arreglar la casa, limpiar la oficina para que el jefe quede satisfecho o llegar al mínimo de ventas. O estamos en el trabajo, ya atrasados en hacer el inventario que nos pidió el jefe —y sin ayuda, ya que nuestro compañero está enfermo y no vino a trabajar—, la tienda está llena de clientes esperando a que los atiendan y entra otro más, enojadísimo, gritando... y por ahí sigue la cosa. Como resultado, surge en nosotros una desesperación de no poder hacer debidamente todas nuestras tareas.

Combatir o huir

El estrés existe desde los tiempos prehistóricos. Era, y es, una reacción necesaria. Imagínate que te encuentres cara a cara con un tigre. Hoy en día sería un poco difícil, pero en tiempos prehistóricos, cuando el mundo era nuevo y todo lo que teníamos para defendernos era una lanza primitiva, la posibilidad era mucho más grande.

Tenías unas opciones bastante limitadas. Podías intentar defenderte, salir corriendo a todo dar o dejar que el tigre te comiera. Creo que todos podemos coincidir en que es una situación estresante y, por supuesto, que es un poco difícil mantenernos felices bajo esas circunstancias.

En estos tiempos llamamos estrés a la reacción corporal ante algo que te provoca: los músculos se tensan, la respiración se acelera, el corazón late con más rapidez y la mente empieza a buscar opciones con toda celeridad, o se cierra ante el peligro inminente. Los científicos emplean un nombre específico para esta experiencia: la reacción de combatir o huir. Porque en ese momento tienes que tomar una decisión. Vas a pelear o te vas a escapar si no quieres que ese tigre te coma.

Existe una tercera posibilidad aparte de combatir o huir: la de quedarse paralizado. Es como el caso del animalito que lo va a atacar el tigre y ya está, se queda quieto esperando a que se lo coman. Yo veo algo parecido en esas mujeres que me llaman y me dicen que han sido maltratadas pero que de todos modos siguen en esas relaciones. Hay que preguntarse, ¿por qué? Pero es que hay estados de estrés y ansiedad tan fuertes que paralizan.

Estrés bueno

No obstante, como dije antes, no todo estrés es malo. Los estados de estrés ocurren por una razón. Yo tengo mucho trabajo y eso me produce estrés. Pero eso es bueno, porque me motiva a trabajar más efectivamente. Es malo si no me deja dormir.

El estrés que sentimos antes de salir por primera vez con una persona que nos gusta, por ejemplo, puede ser una delicia. Lo que sentimos al vestirnos y arreglarnos —¿Le gustará lo que me estoy poniendo? ¿Qué pasará esta noche?— es un tipo de estrés que le da emoción a la vida.

Sentimos estrés en el día de nuestra boda, cuando un hijo está a punto de nacer o cuando nos estamos enamorando. Ese tipo de estrés, que nos acelera el corazón y nos deja sin aliento, hace que la vida sea divertida y placentera. ·

¿Quién se siente estresado?

Todos en este mundo padecemos de estrés. Lo malo es el estrés constante o en exceso, que puede provocar la ansiedad, la depresión u otros problemas de salud.

No sólo la personalidad conocida como "Tipo A"

puede ser afectada por el estrés. Las personas de este tipo están muy comprometidas a la idea de ser exitosas; tienden a ser demasiado competitivas, siempre tienen mil cosas que hacer, siempre están trabajando, siempre corriendo de aquí para allá. Ellos sí que se tienen que cuidar. Pero también aquellos que son menos competitivos pueden tener problemas serios de salud a causa del estrés.

Los niños, al cambiar de escuela o comenzar un grado nuevo, lo sienten. Los padres, preocupados por la seguridad de sus hijos o por no poder darles todo lo que necesitan, lo sienten. Las personas que temen perder su trabajo, las parejas que han tenido una pelea, todos. No importa si somos jóvenes o viejos, hombres o mujeres, ricos o pobres. El estrés es algo que todos tenemos en común.

Los indocumentados tienen unos niveles de estrés y ansiedad increíbles porque siempre viven con el temor de ser descubiertos y deportados. Si tienen una situación que les está causando estrés, no tienen con quién descargar esa frustración. Si les roban, no pueden ir a la policía. Si se enferman, muchas veces no pueden acudir a los cuidados de un médico. Imagínate tú el temor en el que ellos viven constantemente.

Y, en muchos casos, la gente ni siquiera sabe lo que padece. No reconocen el estrés ni la ansiedad que los está afectando. No quieren saber. Por eso utilizan la negación: para esconderse de lo que sienten. Una cosa que mi programa de radio ha logrado es que los ayuda a conectarse con grupos de apoyo donde pueden hacer y decir lo que quieran. Así pueden reconocer lo que está detrás de sus pesadillas y de la rabia que se les sube por cualquier cosita. Al lidiar con el estrés, comienzan a mejorar su salud y sus relaciones personales. Por eso es tan importante reconocer los síntomas del estrés: para no dejar que se apodere de tu cuerpo y afecte tu salud física, emocional y social.

Señales y síntomas

El estrés provoca algunas señales y síntomas que todos podemos reconocer. Es como si estuviéramos frente a ese tigre. Se nos tensa el cuerpo, el corazón se acelera, sudamos y quizás se nos seca la boca. Por otro lado, existen otros síntomas más sutiles que posiblemente no hubieras asociado con el estrés, como los problemas de digestión y la disminución de la libido. Aquí tienes un ejercicio para conocer más a fondo tu reacción al estrés y ver si actualmente estás exhibiendo alguno de sus síntomas.

EJERCICIO:
¿Qué síntomas de estrés presento?

Marca a continuación lo que sientes o experimentas cuando te encuentras en una situación estresante.

Síntomas físicos: Los siguientes síntomas pueden ser causados por el estrés; también pueden ser condiciones preexistentes que se agravan con el estrés. Recuerda que hay un sinnúmero de enfermedades que pueden resultar en los siguientes síntomas físicos. Por esta razón, es importante que consultes con un médico para el tratamiento de algunos desórdenes físicos, como las úlceras y la presión alta.

__ Presión sanguínea alta

__ Latidos cardíacos irregulares, palpitaciones

__ Dolor de cabeza; migrañas

__ Dolor de pecho

__ Dolor en la espalda, el cuello, los hombros o la mandíbula

__ Problemas de digestión: acidez, indigestión, diarrea, estreñimiento, retortijones

__ Boca seca

__ Manos sudorosas, manos o pies fríos

__ Problemas de la piel: sarpullido, ronchas, picazón, soriasis

___ Necesidad de orinar con más frecuencia

___ Supresión del sistema inmunológico:
catarro, la gripe, infecciones

___ Disminución de la libido

___ Cambios drásticos en tu peso por comer en
exceso o por pérdida del apetito

___ Dificultad en conciliar el sueño

___ Cansancio, fatiga, letargo

___ Caída del cabello

___ Asma o falta de respiración

Síntomas emocionales: Tal como los síntomas físicos, estos síntomas emocionales también pueden ser señas de condiciones aparte del estrés. Repito que es importante averiguar si el estrés es la causa de estos síntomas o no. De todas maneras, pueden afectar tu bienestar físico y emocional:

___ Nerviosismo y ansiedad

___ Irritabilidad, impaciencia, ira, hostilidad

___ Tristeza, depresión

___ Dificultad para concentrarte

___ Lapsos de memoria

___ Pensamientos intrusivos

___ Sensación de agobio

___ Tendencia de comerte las uñas

__ Mariposas en el estómago

__ Aumento del consumo de alcohol y drogas

Síntomas relacionales: El comportamiento de alguien que padece de estrés puede causar el deterioro de sus relaciones con familiares, amistades y compañeros de trabajo. Una persona que padece de estrés puede exhibir estos comportamientos:

__ Cambiar de trabajo más frecuentemente

__ Evitar situaciones y actividades sociales

__ Tener más conflictos con familiares o colegas

__ Reaccionar de forma exagerada

Por qué debes evitar el estrés

Como pudiste ver en el ejercicio anterior, el estrés, ya sea el reprimido o el que se expresa sin barreras, tiene un impacto directo e inmediato en nuestro cuerpo que puede afectarnos la salud. Quiero entrar un poco más a fondo en seis problemas de la salud causados por el estrés:

1. **Problemas del corazón.** Las palpitaciones que sentimos cuando reaccionamos a una situación estresante es lo que notamos en el momento. Sin embargo, el estrés también nos puede producir una serie de

problemas cardíacos, incluidos los ataques de corazón y la arritmia o taquicardia. Nos puede hacer subir los niveles de colesterol y la presión, lo cual nos puede causar un derrame cerebral.

2. **Problemas musculares.** Cuando sentimos estrés, los músculos se nos tensan. Esta tensión muscular nos puede producir dolores de espalda y de cuello, espasmos musculares y temblores.

3. **Problemas estomacales.** El estrés puede causar un exceso de ácido en el estómago, diarrea, estreñimiento y gas. También puede eventualmente resultar en úlceras muy dolorosas.

4. **Problemas sexuales.** Cuando tenemos estrés, nos es difícil sentirnos lo suficientemente relajados para disfrutar de las relaciones sexuales. Esto se puede convertir en un problema crónico. Podemos experimentar una disminución de la libido y perder el deseo de tener relaciones, al igual que sufrir de eyaculación precoz o la impotencia.

5. **Problemas inmunológicos.** Cuando sentimos estrés, la hormona llamada cortisol aumenta, y los altos niveles de esta hormona disminuyen la función del sistema inmunológico, aumentando la posibilidad de que sea menos efectivo en la lucha contra las infecciones. En casos más extremos, el estrés hasta reduce la efectividad o la habilidad de nuestro cuerpo en detectar y eliminar las células cancerosas que comienzan a formarse.

Las investigaciones también muestran que aquellas personas con altos niveles de estrés tienden a envejecer más pronto. Así que el estrés no sólo tiene un efecto sobre tu salud, ¡sino que también afecta negativamente tu belleza!

6. **Problemas psicológicos.** Cuando vas conduciendo y otro auto da un corte delante del tuyo y tienes que frenar de pronto, es comprensible que te enojes. Cuando sientes la presión de terminar un trabajo importante que te pidió tu jefe y vienen otros a interrumpirte, uno tras otro, puedes perder la paciencia. Esa es la reacción inmediata y, uno diría, normal.

   Sin embargo, el estrés también nos puede hacer sentir irritabilidad y rabia casi todo el tiempo. Le hablas fuerte a los niños, a tu pareja o a tus amigos. Por lo demás, puedes tener dificultad para dormir, y cuando al fin duermes, encuentras que tienes pesadillas. La irritabilidad prolongada y la falta de sueño son señales de problemas psicológicos causados por el estrés.

¿No sería mejor eliminar estos achaques? Como veremos más adelante, podemos combatir las consecuencias del estrés por medio de la meditación, la respiración profunda y otras técnicas de relajación. Podemos controlar la presión sanguínea, bajar los latidos del corazón y hacer que las ondas cerebrales vayan más despacio. De esa manera podemos por lo menos reducir el impacto que tiene el estrés en nuestra salud.

Al mismo tiempo, tenemos que fijarnos en lo que está causando nuestra reacción al estrés para no solamente reducir su impacto, sino también combatirlo directamente. ¿Por qué sentimos lo que sentimos? Si no tratamos lo que está en el fondo de nuestra reacción, no podemos liberarnos de lo que nos ata. Seguiríamos siempre tratando sólo los síntomas y no la causa. Y eso nos lleva por un camino resbaloso hacia problemas más graves.

No trates sólo los síntomas, sino la causa

Antes de que podamos desconectarnos de lo que nos hace sentir estrés, tenemos que saber qué lo provoca y qué nos hace reaccionar de esa forma. Es como una persona que sufre de alergias. Antes de que le puedan encontrar el tratamiento adecuado, tiene que saber qué es lo que le causa que se le hinchen los ojos o que estornude. Así, mientras el médico trata de aliviarle los síntomas temporalmente, puede también encontrarle una solución permanente para evitar que ocurra de nuevo.

Es lo mismo con el estrés. ¿Te has dejado llevar por la ira? ¿Te has dejado llevar por la frustración? ¿Te sientes estancado porque no puedes concentrarte en nada? No puedes alcanzar la felicidad sintiéndote así.

Nota los rasgos de tu personalidad que te llevan a sentir estrés. Por ejemplo, si la presencia de tu jefe te pone nervioso, ¿eso hace que no puedas concentrarte en tu trabajo porque quieres ser perfeccionista? Puede ser que no te agrade mucho la gente alrededor tuyo. Puede ser que en el trabajo te hayan puesto en un cubículo donde hay cuarenta mil personas hablando al mismo tiempo. Tú no puedes concentrarte así, y eso te causa estrés.

Quizás lo que te convenga es llegar a la conclusión de que es mejor alejarte de esa situación, alejarte de esa persona; alejarte de lo que te provoca estrés. Si sabes que no te conviene, que tiene una energía negativa, que te saca el monstruo que llevas por dentro, pues entonces no te acerques.

Causas del estrés

Como ya dije, antes de poder alejarte de lo que te provoca estrés, necesitas identificarlo. Estas son las tres causas principales del estrés:

1. **Perfeccionismo.** El perfeccionismo desempeña un papel importante en la preparación del terreno para el estrés. Esa necesidad de hacerlo todo perfecto se puede manifestar de varias formas:

   - La continua elevación de nuestras expectativas, de modo que nunca nos sentimos satisfechos.

   - No darnos alternativas para algo que tenemos que hacer: "Si no lo puedo hacer de esta manera, no lo hago".

   - Tener todo bajo control y pensar que si no es así, puede ocurrir una tragedia.

- El deseo de nunca cometer un error frente a otros bajo ningunas circunstancias.

- Querer hacerlo todo rápido: "Quiero terminar la carrera en dos años. Si no, olvídate de eso".

2. **Nuestro ritmo de vida.** ¿Sabes por qué tenemos más estrés? Porque vivimos en el mundo de lo inmediato. Cuando vamos a comer, es: "¡Vamos! ¡Rápido! ¡A comer!" No estamos pensando en comer, sino en haber comido. Todo tiene que ser rápido.

En vez de irnos de vacaciones a un lugar donde podamos relajarnos y descansar, vamos a un lugar donde estamos corriendo de aquí para allá. Vamos a ver esto, y ahora tenemos que ver lo otro. Regresamos más cansados de lo que empezamos. Yo creo que para quitarnos el estrés tenemos que pensar como nuestros abuelos. ¿Qué hacían ellos? Se iban a la playa y se pasaban un mes y ahí no había nada que hacer aparte de bañarse en el mar, subir una montaña o estar en el campo.

Nuestros abuelos también aceptaban más eso de que "así es la vida". Cuando a nuestros abuelos les decían: "Ah, mira, no tenemos el sirope de la marca que tiene esa muñequita en la botella", lo aceptaban. Ahora nosotros tenemos que tener la salsa de tomate en la botella de la marca tal. ¡Y punto! Y si no tienes eso, ya tienes un problema. O tienes que tener tal automóvil. Si no, no te sientes feliz. Tienes que tener cierto estándar de vida; de lo contrario, no estás bien. Antes sabíamos que si no llovía, no íbamos a tener cosecha, y así era. Ahora nos hemos acostumbrado a tener soluciones rápidas. Y como exigimos soluciones rápidas, el no tenerlas nos desespera. Son las expectativas exageradas. Queremos vivir la vida fácil que vemos en las telenovelas y terminamos por vivir una tragedia.

Por eso se experimenta el estrés: por tener expectativas que no son reales. Por querer hacer en un día lo que normalmente tomaría una semana en hacer. Por querer tener en tres meses lo que normalmente tomaría seis meses obtener. Yo creo que las expectativas irreales son la causa número uno de la mayor parte de los problemas que tenemos. Los problemas de antes eran exactamente iguales a los que tenemos ahora, pero la gente de antes tenía más paciencia. No esperaban tanto; se contentaban con lo que tenían. De ellos podemos aprender. Tenemos que modular lo que esperamos de la vida si queremos evitar sentirnos agobiados.

3. **La incomodidad y lo desconocido.** Vamos a suponer que llegaste al trabajo. Sabes que tienes algo difícil que hacer, digamos un proyecto que requiere el uso de un programa de computación que es nuevo para ti. En tu mente ya estás diciendo, "¡Bah! Hoy tengo que hacer esto. No tengo ganas de hacer esto".

De ahí nace la incomodidad. ¿Qué haces? Te pones a hacer veinte cosas. Haces todas las que te gustan, pero dejas atrás la otra. Y aunque estés haciendo otras cosas, en tu mente sigues consciente de que en algún punto tendrás que hacer esa tarea que te disgusta. Con sólo saber eso sientes estrés. Y mientras más esperes para hacer la tarea, más fuerte se torna el estrés.

Lo que sucede es que mentalmente cuando algo no nos gusta, lo obstaculizamos por completo. No queremos ni pensar en eso. "No, no, no, ahora no". Muchas veces es porque se trata de algo que no conocemos muy bien. Es lo desconocido, y eso nos incomoda. A nosotros lo que nos gusta hacer es lo conocido, lo que sabemos que podemos hacer bien. A veces es porque le tenemos temor a lo que es diferente, a abrirnos a una nueva experiencia. No queremos fracasar. Pero con lo mucho que nos queda por aprender en este mundo, si sólo hacemos lo conocido, nunca creceremos como personas. Si tienes que hacer algo desagradable que te causa estrés, ¿por qué no hacerlo lo antes posible y así acortar el tiempo que tienes para sentirte mal? ¿Quién sabe? Puede que esa tarea llegue a convertirse en otro de tus talentos.

EJERCICIO:
Identifica lo que provoca tu estrés

Ahora que conoces las tres causas principales del estrés, veamos si conseguimos identificar lo que provoca tu propio estrés. Hay un sinnúmero de cosas que nos pueden causar estrés, entonces pregúntate lo siguiente para identificar lo que te afecta:

Categoría	Pregúntate	Ejemplos
Día y hora	"¿Cuándo me siento más estresado? ¿En la mañana, la tarde, la noche, o todo el tiempo?"	"Siento más estrés en las mañanas cuando tengo que alistar a toda la familia".
Situación	"¿Hay ciertas situaciones que puedo decir me causan más estrés? ¿Están relacionadas con mi vida profesional, social o personal?"	"Siento más estrés en el trabajo que en mi vida personal y social".
Persona	"¿Hay una persona que me hace sentir estrés? ¿Cuáles son las palabras que me afectan? (Puede ser un familiar, un compañero de trabajo, etc.) ¿Siento más estrés cuando estoy sola o rodeada de gente?	"Mi jefe me hace sentir estrés"o "mi cuñada me hace sentir estrés".
Pensamiento	"¿Tengo pensamientos que me causan estrés?"	"No llegaré a la reunión a tiempo".

Ahora haz este ejercicio tú, y agrega una columna más al final preguntándote: "¿Qué podría hacer para aliviar mi estrés?"

También puedes hacer este ejercicio analizando cada faceta de tu vida. Tu vida profesional. Tu vida social. Tu vida personal. Por ejemplo, Julia se siente estresada en las siguientes situaciones de su vida:

Componente de mi vida	¿Cuándo siento estrés?	¿Qué palabras, personas o eventos me provocan el estrés?	¿Qué podría hacer para aliviar mi estrés?
Mi vida profesional	*Cuando estoy trabajando en un proyecto importante*	*Saber que tiene que salir perfecto*	*Reconocer que nada es "perfecto"; sólo necesito dar lo mejor de mí*
Mi vida social	*Mis amigos no se conocen entre sí. Cuando varios me invitan a salir, siento que tengo que estar en cinco sitios a la vez*	*Saber que voy a tener que decirle: "no puedo salir hoy" a varios amigos, cuando ya les dije lo mismo la semana pasada*	*Juntar a varios amigos en el mismo sitio, para que se conozcan; y tal vez puedan empezar a salir todos juntos*
Mi vida personal	*Cuando llego a casa por las noches del trabajo*	*Saber que tengo que cocinar, limpiar la casa y ayudar a los niños con sus tareas escolares y que no tendré nada de tiempo para mí misma*	*Pedirle a mi esposo o a un hijo que me ayude en la casa de vez en cuando*

Acepta y gana

Vuelve a mirar a la cuarta columna de la tabla anterior. Dice: "¿Qué podría hacer para aliviar mi estrés?" Esta columna es la más importante de todas, porque te demuestra que el estrés *tiene una solución*. Uno no tiene por qué sufrir en silencio. Es importante identificar lo que provoca tu estrés, pero si no tomas el paso adicional de pensar en qué podrías hacer para aliviarlo, nada va a cambiar. Yo no te puedo dar la solución porque desconozco lo que te genera estrés. Te puedo dar las herramientas para manejar y disminuir tu estrés, pero sólo tú sabes cuándo sientes estrés y qué te lo provoca. Es lógico, entonces, que sólo tú puedas aliviarlo.

Si tienes tres tareas que completar para mañana y no crees que vas a poder acabar la tercera a tiempo, mira a ver si alguien te puede ayudar a terminarla. No te quedes callado. Usualmente lo que nos genera aun más estrés es pensar que nuestra situación no tiene remedio; que es un caso perdido. Pero si enfrentas tu situación con la mentalidad de que todo tiene una solución y sólo te hace falta encontrar la más adecuada, sólo con tener esa mentalidad ya te sentirás más relajado.

Vuelvo a decir que lo crucial cuando sentimos preocupación o estrés no es ignorar y quedarnos en silencio, sino aceptar. Una tabla como la anterior es un buen primer paso hacia la aceptación. No niegues que estás sintiendo estrés. Tienes que aceptar tu situación. Simplemente acepta: "Sí, me siento estresado". Entonces, pregúntate por qué está sucediendo: "¿Y por qué me estoy sintiendo así?"

Tal vez te respondas: "Porque no sé si voy a poder pagar tal cuenta".

Entonces, enfréntate a ese temor. Saca la cuenta.

Después de hacerlo, pregúntate: "¿Qué puedo hacer para solucionar el problema?"

Busca la forma de visualizar y hallar alternativas en tu mente.

Te dices, por ejemplo: "Bueno, es verdad. Quizás no voy a poder pagar la cuenta de $200 de la tarjeta, pero voy a mandar $100. Como tengo que pagar el alquiler y la luz, en vez de salir a comer me quedaré en casa. Así ahorraré dinero para que me alcance".

En otras palabras, tienes que hacer lo siguiente para manejar tu estrés:

- Aceptar que estás padeciendo del estrés

- Preguntarte: "¿Por qué me siento así?"

- Después preguntarte: "¿Qué puedo hacer para solucionar el problema?"

Debes ver qué alternativas tienes a tu disposición para disminuir ese estrés que todos sentimos. Te aseguro que todo lo que nos causa estrés tiene una solución. Todo estrés se puede aliviar de alguna forma. Se trata de ser honesto contigo mismo para identificar lo que provoca tu estrés y así poder combatirlo a la raíz del problema. Y, más que nada, se trata de ser flexible y entender que hay *alternativas;* si la forma en que estás haciendo algo te causa estrés, pues busca otra manera de hacerlo. No tengas miedo de pedir ayuda si la necesitas; al final, serás tú quien se beneficie de ella. En el próximo capítulo te hablaré de seis tácticas más que puedes usar para disminuir el estrés y las preocupaciones.

TEMORES Y ANSIEDADES

Los temores y la ansiedad son miedos que se presentan en formas opuestas. Los temores son miedos a peligros que podemos identificar y definir, como el temor a hablar en público. Por el contrario, la ansiedad es un miedo más abstracto que puede ocurrir en el transcurso de una situación o en anticipación a una situación. Puede que ni sepas exactamente qué está causando que te sientas preocupado y nervioso. Por esta razón, la ansiedad suele ser un estado más prolongado. Por ejemplo, puedes estar ansioso porque tienes una entrevista el día siguiente. Entonces te sientes ansioso con tan sólo pensar en la entrevista.

Temores moderados

Tal como te había dicho al comienzo de este capítulo, es normal y hasta necesario sentir miedo y ansiedad en ciertas situaciones. Hay temores naturales. El temor a una inseguridad económica, por ejemplo; ese es un temor común y no necesariamente malo. Si te enfrentas a ese temor y te preparas para él, te incitará a tener seguridad y éxito en la vida.

Pregúntate: "¿Por qué le tengo temor a la inseguridad económica?"

"Bueno, es que no tengo nada de dinero guardado en el banco. Y si llega el próximo mes y no tengo trabajo, ¿con qué pago el alquiler?"

Bueno, pues, si esa es tu situación, es bueno que tengas ese temor. Ahora, ¿qué vamos a hacer con eso? Empieza a ahorrar dinero. Empieza a prepararte. No te paralices, haz algo. Así utilizas el temor de forma positiva, ya que te incita a tomar acción.

Los temores en forma moderada son necesarios porque son el aviso de que algo te puede pasar. Dios nos los dio como una respuesta que nuestro organismo activa para advertirnos: "¡Oye, ten cuidado!" Cuando estábamos en las cuevas, era el impulso de pelear o huir. Porque si veías un tigre y no te asustabas, el tigre te comía. Si andas en tu auto y un camión se te viene encima, es natural y correcto sentir temor. Tu sistema nervioso se pone en alerta, avisándote de que tienes que hacer algo: o te mueves o chocas.

Yo creo que el temor a que nos vaya a pasar algo físicamente es un temor correcto. Sin embargo, no lo es si estás bajando una escalerita de un solo peldaño o si te asusta salir de tu casa. Esos ya son temores irracionales. Te paralizan con una ansiedad excesiva. Cuando el temor te lleva a la parálisis, entonces estás en peligro. Cuando no puedes funcionar en la sociedad porque no puedes ir a una fiesta, no puedes manejar, no puedes ir al médico o no puedes salir de tu casa, ya se trata de un temor que es necesario explorar a un nivel clínico. Los temores irracionales son la plaga de los desórdenes de ansiedad, como las fobias. Por eso necesitas estudiar tus niveles de ansiedad: para ver si estás reaccionando debidamente a un temor moderado o si estás siendo azotado por temores irracionales.

Todo está relacionado

El estrés, la ansiedad y los temores están bastante relacionados entre sí. Es decir, una situación te puede provocar una reacción, y luego puedes padecer de las otras.

Tomemos un ejemplo del trabajo:

Imagínate que llegas al trabajo y te das cuenta de que cometiste un error y tu jefe está enojadísimo contigo. Esto te va a causar **estrés**. Dependiendo del error y la severidad de la reacción de tu jefe, puedes hasta temer que te vayan a despedir. En esta situación vas a estar preocupado. Es normal.

Pero si eres una persona que padece de **ansiedad**, lo ves como una tragedia y estarás ansioso en el trabajo durante todo el día en vez de sólo sentirte preocupado por esa ocurrencia en específico. Te olvidas de que son circunstancias normales para todo ser humano. Estás tan ansioso que ahora le tienes **temor** a tu jefe. No podrías presentarte ante tu jefe para decirle: "Si no me subes el sueldo tengo que cambiar de trabajo", porque te paralizas.

También te señalo que la ansiedad puede ser una reacción al estrés y los temores. Por ejemplo, cuando estás atrasado para un evento sientes estrés ("No quiero llegar tarde"), pero también puedes sentirte ansioso ("¿Se enfogonará Felipe conmigo?"). O si le tienes temor a las mascotas y de repente te encuentras frente a un perro, además de miedo, puedes sentir ansiedad. Por eso es tan importante identificar si estás padeciendo de ansiedad: porque te puede *causar* preocupaciones o puede ser *el resultado* de un temor.

EJERCICIO:
¿Qué síntomas de ansiedad presento?

Como ya dije, es normal sentir un poco de ansiedad y hasta nos protege de peligros verdaderos, como andar en un auto que va a exceso de velocidad, o aceptar una invitación a irte de *surfing* en medio de un huracán. Pero una ansiedad excesiva, como los ataques de ansiedad o de pánico, son señales de que tienes un temor irracional. Marca a continuación lo que sientes o experimentas cuando te pones ansioso para comenzar a explorar tu reacción a peligros, ya sean peligros definidos o más abstractos.

Síntomas de una ansiedad razonable:

__ Nerviosismo

__ Dolor de cabeza, mareo

__ Tensión corporal

__ Cansancio, fatiga

__ Sentido general de aprensión

Síntomas de una ansiedad excesiva:

__ Problemas con el estómago: náusea, vómitos, diarrea

__ Latidos cardíacos irregulares

– Miedo injustificado a cosas o situaciones

__ Aislamiento del mundo

__ Temblores, tics nerviosos

__ Sudoración

__ Dificultad en conciliar el sueño

__ Falta de respiración

__ Comportamientos rituales

__ Pensamientos intrusivos de experiencias traumáticas del pasado

__ Preocupación constante que te llega a dominar la vida

Pierdes el control cuando evitas tus miedos

La mayoría de nosotros sabemos lo que es sentir temor. Pero no todos reaccionamos igual cuando experimentamos algo que nos atemoriza, como nos demostró el ejercicio anterior. Algunos experimentamos síntomas leves; otros sufrimos de una ansiedad debilitante. Por ejemplo, imagina que subimos a un edificio alto y nos acercamos a un balcón o a un mirador. Muchos podemos disfrutar de la vista. Otros no pueden ni acercarse. Empiezan a temblar, sudar y quizás hasta se desmayan. Eso ocurre como respuesta de nuestro cuerpo a lo que estamos percibiendo. Es más, si ya sabemos que no nos gusta lo que sentimos, evitamos situaciones que nos hagan sentir lo mismo.

Eludir situaciones que nos producen temor se convierte en una herramienta potentísima para evitar sentir miedo. Se convierte en un comportamiento automático. Y, en algunos casos, puede limitar nuestras actividades. Por ejemplo, si le tienes miedo a las alturas, puedes darte cuenta de que no puedes aceptar un trabajo en un edificio alto, o no puedes mudarte con tu familia a un apartamento en un mejor vecindario porque no está en el primer piso.

¿Sabes qué es lo contrario al miedo? El valor. ¿Te acuerdas del león del Mago de Oz? El valor nace del corazón, y el miedo está en la cabeza. Es producto de los pensamientos, de lo que te dicen. Te tienes que preguntar: ¿Qué ganarías con sustituir el miedo por el valor?

Porque al evitar aquellos miedos que te provocan una ansiedad extrema, pierdes el control sobre tu vida y te desvías del camino hacia la felicidad. Crees que te estás haciendo más feliz, que te estás escapando de lo que te da miedo, pero sólo te estás tapando los ojos. Al no superar estos temores irracionales, les estás dando poder sobre tu vida y pueden ir creciendo hasta que tomen control absoluto y no puedas dar ni un solo paso sin que esté controlado por tu ansiedad.

Temores irracionales

Es bastante común que cuando una persona tiene un accidente de automóvil, los primeros meses son horribles. No quieren entrar en un auto. Se entiende que estén nerviosos.

Sin embargo, el otro día me llamó una mujer que llevaba cinco años sin manejar. Tuvo una vez un accidente sin graves consecuencias, pero le dio tanto miedo, que ya no maneja. Ese ya es un temor irracional, y ella ha dejado que su temor la domine por completo. Gracias a Dios que no se resbaló en la bañera, porque nadie se le podría acercar.

Hay gente que me llama para quejarse: "Mi pareja es tacaña", o "Mi pareja no quiere salir a la calle".

Es muy posible que lo que pasa con tu pareja es que tiene un temor irracional. Le teme tanto a la inseguridad económica que no se atreve a gastar un centavo. O tiene miedo a que si sale de la casa algo malo le va a pasar, o a ti. Puede tener una preocupación excesiva por la salud. "No vayas a salir de noche porque atraparás un catarro".

A veces, los temores más grandes, los más irracionales, parecen surgir de momento. Me llaman y me dicen, "Me bajé de un avión un día, y me entró un temor tan profundo que jamás he podido volar de nuevo". Casi nunca es cierto. La ansiedad clínica no aparece de la nada, sino que se desarrolla con tiempo. Lo más probable es que la persona no había confrontado esa ansiedad hasta que un día la ansiedad tomó control y ya era imposible ignorarla. Es el caso de la gotita. Gotita a gotita se le fue llenando el vaso. Un día, se le rebosó. Por eso es importante reconocer que el problema ya venía acumulándose, y como ya traía una vulnerabilidad, una rajadurita, la última gota rompió el vaso.

Padres e hijos, parecidos

En muchos casos, cuando se encuentra a alguien que padece de ansiedad, se encuentra un historial de desórdenes de ese tipo en la familia. Puede que sea algo que se hereda por los genes, o algo que los hijos simplemente ven cuando sus padres se enfrentan a un problema, y ellos suelen tener la misma reacción. En otras palabras, los padres pueden, por descuido, pasarle a sus hijos sus propios temores irracionales.

Por ejemplo, observen a Esteban, quien actualmente está proyectando su temor por el agua a su hijo de ocho años. Hace unos días invitaron a Carlitos, el hijo de Esteban, a un parque acuático con piscinas y toboganes por donde se puede tirar al agua. A Carlitos le brillan los ojos de emoción, pero Esteban teme que le pueda pasar algo.

Primero Esteban se tiene que preguntar: "¿Por qué me siento así?" Su respuesta fue: "Bueno, cuando yo tenía tres años me resbalé al borde de la piscina y me di un golpe en la cabeza que comenzó a sangrar".

Está bien, pero Esteban ya no tiene tres años, y su hijo tampoco. Querer proteger a los hijos es uno de los impulsos más naturales del ser humano. Pero si no se tiene cuidado, podría tener un efecto negativo sobre el niño. Un niño que se cría con padres sobreprotectores como Esteban desarrollará un temor por el agua y una creencia general de que vive en un mundo donde el peligro lo acecha en cada esquina.

EJERCICIO:

La escalera de los temores

Es bueno clasificar tus temores de forma organizada para así ver lo que te causa miedo y ansiedad, desde lo que menos te afecta hasta lo que más te afecta. De esta forma podrás identificar tus temores más grandes —los que más te dominan. En la próxima sección aprenderás a evaluar si estos temores que te dominan son irracionales o no.

1. En un papel, vamos a anotar todas las cosas que nos causan temor. Por ejemplo, viajar solo en tren, en auto, en avión. Estar solo. Hablar en público. Temor a las alturas, o temor a los lugares totalmente cerrados.

2. Ahora, vamos a darle a cada uno de esos temores un número, del 1 al 10, según el nivel de ansiedad que nos hacen sentir (1 = poca ansiedad, 10 = mucha ansiedad).

3. Después, en otro papelito, vamos a dibujar una escalerita. Y en cada escalón vamos a poner los temores de nuestra lista, desde el que menos ansiedad nos da hasta el que más nos da.

4. Ahora puedes ir enfrentando cada uno de esos temores, desde el menor hasta el mayor. En cada escalón puedes reconocerte. Da pequeños pasos, no te apresures, da cada paso y si piensas que te estás tambaleando en la escalera, párate. Tómalo con calma. Con cada temor que vayas enfrentando en esa escalera, el primer paso es éste: decidir si es un temor razonable o irracional.

En la próxima página te doy un modelo de la escalera:

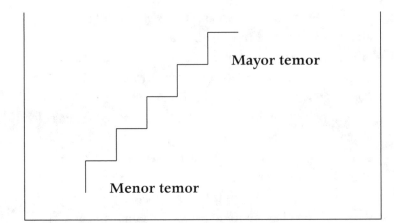

¿Razonable? ¿O no?

¿Cómo puedes reconocer si el temor que sientes es razonable o irracional? Parece difícil, pero no lo es. La terapia cognitiva es el método más común. Es el proceso por el cual te preguntas si lo que te está causando temor es un peligro válido o no lo es. Se trata de cuestionar.

Cuando sientes nervios, analízate. Tienes que preguntarte: "¿Esto es algo real o es producto de mi imaginación?" Lo que tienes que hacer es apartarte de tus emociones, de lo que sientes, de tu temor, para poder analizar la situación lógica y objetivamente. Una cosa es verte frente a frente con un cocodrilo, y otra es tenerle miedo a un conejito de peluche.

Si tu hijo no sabe nadar y va a salir al mar solo, en una canoa, parece natural sentir temor. Ahora, si nunca dejas que se bañe porque tienes miedo a que se ahogue, no lo es. En ambos casos el temor es el mismo: temes que algo le va a pasar a tu hijo en el agua.

Pero si por un momento dejas el miedo a un lado, pregúntate: ¿Cuál de los dos temores es razonable? Tal vez los dos. Si el niño es muy pequeño, dejarlo solo en la bañera por un momento es un peligro. Dejarlo salir solo al mar es una locura. Sin embargo, si es ya un adolescente y sigues teniendo el mismo temor de que se va a ahogar en la bañera, ¿por qué? Analízalo con una perspectiva objetiva. ¿Es un temor razonable?

Ahora, en el ejemplo de Esteban y el parque acuático, él se tiene que hacer una serie de preguntas. ¿Van a estar otros padres o personas mayores responsables? ¿Habrá un salvavidas vigilando? Él conoce a su hijo y sabe si le gusta arriesgarse o no. Quizás Carlitos sea el niño que se cae con más frecuencia, o el que tiene más accidentes.

Una vez Esteban tenga todos esos datos acumulados en ese fichero que tenemos aquí arriba, si aún considera que hay peligro, entonces es un temor correcto. Y para evitar un mal mayor, tal vez será mejor que le pida a un adulto que vaya con Carlitos.

En el caso de que te estés levantando de la cama con miedo, ¿es razonable que le tengas miedo a la altura? Aunque tengas una ansiedad generalizada o una fobia, es muy probable que vayas a reconocer que el temor que sientes no es razonable si lo observas objetivamente.

No te estoy diciendo que en cuanto reconozcas que es un temor irracional lo vas a poder dejar atrás. ¡Ojalá! Las ansiedades y las fobias no se solucionan así de fácil. Lo que sí te estoy diciendo es que es posible reconocer que el temor es excesivo, aunque lo sigas sintiendo. Si no confías en tu propia evaluación, pregúntale a una persona de confianza. Si vas a liberarte de la ansiedad y de las fobias, tienes que empezar por reconocer si tus temores son razonables o no.

Temor	Razonable	Irracional
Agua	Que tu hijo de tres años esté solo en la bañera	Que tu hijo de quince años esté solo en la bañera
Alturas	Tener miedo de estar limpiando el vidrio por fuera del décimo piso de un edificio	Tener miedo de caerte de la cama
Animales	Tenerle miedo a un cocodrilo	Tenerle miedo a un conejito de peluche

Los temores principales

Aquí te presento algunos de los temores más comunes. Aunque hasta cierto punto todos sentimos los siguientes temores, cuando la respuesta de ansiedad hacia ellos es excesiva, el temor se torna irracional. Es decir, la reacción emocional es desproporcionada con respecto al peligro:

Temor a no ser aceptado. En realidad, la necesidad de ser aceptados es, en nosotros, un comportamiento dominante. Es lo que nos motiva a ocultar nuestros verdaderos pensamientos y sentimientos. No nos atrevemos a quitarnos la careta. No queremos que nos vean como somos realmente. Queremos ser aceptados y vamos a hacer exactamente lo que quieran los demás para que nos acepten.

Por el miedo a la soledad buscas ser aceptado, para así poder tener más personas a tu alrededor. Quieres ser aceptado por tus colegas. Por tu entorno. Buscas ser respetado por la sociedad en que te mueves. Intentamos dominar para poder influir sobre los demás. Pero cuanto más aceptación o control buscamos, menos tendremos.

Temor social. El temor social es el temor a salir de la casa o a ir a fiestas, y hasta puede producir situaciones de problemas matrimoniales: "Ella nunca quiere salir conmigo. Sólo quiere estar en la casa". Es el temor a estar alrededor de otra gente porque sientes que todos te miran y te juzgan. Es el temor de hablarle a otra gente porque tienes miedo a no saber qué decir, o a no caerles bien.

Por ejemplo, Felipe es un estudiante universitario y tiene temor social. Faltó a su primer día de clases porque pensaba que el maestro iba a querer que todos se pararan en el salón de clases y se presentaran a los demás estudiantes. Se sentía mareado y con náusea de tan sólo pensar en tener que hablarle a un grupo de desconocidos que lo estarían mirando y pensando cosas de él. No quería que los demás estudiantes se dieran cuenta de lo ansioso que se estaría sintiendo. Como la ansiedad que sintió fue demasiado fuerte, decidió no ir a la universidad ese día para evitar tener que presentarse en clase.

A los que tienen temores sociales se les hace muy difícil relajarse en público; se les hace casi imposible concentrarse en algo que no sea la ansiedad que sienten.

El temor al fracaso. El temor al fracaso es el temor al autodesprecio y el autorechazo. Y detrás de eso está el querer ser aceptado.

Hay veces en que el temor al fracaso nos paraliza y no hacemos nada. Hacemos listas y más listas de planes que tenemos pero no los llevamos a cabo porque no queremos emprender algo y fracasar. Por ejemplo, hay personas que siempre dejan las cosas para más tarde. Lo que sucede es que hay una inseguridad, una ansiedad, que nos impide *finalizar* algo que ya comenzamos porque entonces se puede juzgar si salió bien o no.

Aparte de no querer finalizar lo que ya hemos comenzado, este temor al fracaso también nos puede llevar a ni

siquiera querer comenzar nada. Soñamos y planifica-
mos, pero no tomamos acción. Evitamos comenzar algo
para evitar la posibilidad del rechazo, de la confronta-
ción, de no ser aceptado. Se te presentan oportunidades
y por temor al fracaso no las sigues: relaciones que
nunca empiezas, aumentos de sueldo que no pides. Te
quedas en el mismo trabajo por veinte años porque sientes temor: "¿Qué van a decir? ¿Cómo voy a encontrar
otro lugar donde le den una oportunidad a alguien
como yo? ¿Quién va querer darme trabajo a mí?"

O puede que estés en una relación violenta y abusiva,
pero tienes temor al fracaso en el amor y a quedarte solo.
Por lo menos tienes a esta persona que te está pegando o
que no te aprecia... Y ésa es la razón de tu desgracia.

Temor al triunfo. Aquí lo que sucede es que comienzas a dar pasos hacia la meta y al acercarte te asustas,
porque no estás seguro de lo que significará ese éxito.
¿Traerá nuevas responsabilidades? ¿Se simplificará mi
vida o será más complicada? De repente surge en ti un
temor a los nuevos riesgos y oportunidades que acom-
pañan el éxito.

Una combinación del temor al triunfo y el temor al
fracaso nos puede limitar la capacidad de tomar decisiones. Nos convertimos en unos indecisos. Por supuesto
que hay que diferenciar entre las indecisiones normales
que todos padecemos en un momento de nuestras vidas,
y la indecisión crónica. La primera es cuando, al evaluar
una decisión, las alternativas no son muy claras y su
resultado también es nebuloso. La segunda es aquella en

la cual la persona busca alternativas poco realistas e imagina finales catastróficos.

Hay varios factores que caracterizan a la persona indecisa: tiene pensamientos negativos que van en círculos, vive preguntándole a los demás qué harían ellos en su lugar, tiene un temor exagerado a cometer un error, se concentra en hacer una investigación tan excesiva sobre las posibilidades que se queda atascado, sin dar lugar al elemento de sorpresa o de suerte. La persona se queda estancada porque siente que ninguna de las posibles decisiones es la correcta.

FOBIAS Y OTROS DESÓRDENES MÁS GRAVES

Aparte de los cuatro temores principales que acabo de presentarte, existen otras condiciones más serias que requieren de ayuda profesional, como la de un psiquiatra, psicólogo o un grupo de apoyo. ¿Por qué saco el tema de las fobias y otros trastornos mentales? Porque son más comunes de lo que crees. Cuando ignoramos nuestros problemas del día a día, nuestro estrés y ansiedad pueden llegar a proporciones más serias y convertirse en un problema aun más grave. Estos desórdenes de ansiedad son los problemas emocionales más comunes y reportados en el mundo en que vivimos. Según el *New York Times,* en una encuesta de un costo de $20 millones de dólares realizada por el Instituto Nacional de Salud Mental y varios profesores de la Universidad de Harvard, se halló que "más de la mitad de los estadounidenses desarrollarán una enfermedad mental en algún punto de sus vidas, a menudo a partir de la niñez o la adolescencia". El artículo también señaló que los problemas más comunes eran:

1. **La depresión,** que afecta a aproximadamente un 17 por ciento de la gente en algún momento de su vida.

2. **El abuso del alcohol,** que afecta a un 13 por ciento de la población.

3. **La fobia social,** una forma de ansiedad aguda que afecta al 12 por ciento de la gente.

El estudio agregó que más de una cuarta parte de los entrevistados habían tenido un trastorno mental en los últimos doce meses.

Por eso quiero describirte en la siguiente tabla los desórdenes de ansiedad más comunes, para que los puedas identificar en ti mismo o en alguien cerca de ti antes de que hagan más daño:

Desorden de ansiedad*	Temor	Pensamientos típicos	Comporta-miento
Fobia específica	Temor irracional y persistente hacia un objeto o una situación específica.	Este avión se va a estrellar. Me voy a caer del balcón. Ese perro me va a morder.	Evitas los aviones u otros modos de transporte, los edificios altos, los perros, etc.
Desorden de pánico	Temor a perder control sobre tu cuerpo físico y enfermarte o enloquecer.	No puedo respirar bien —me voy a asfixiar. Siento mi corazón palpitar —me va a dar un ataque cardíaco.	Evitas los lugares donde has experimen-tado ataques de pánico o posiblemente abusas del alcohol y de las drogas.
Agorafobia	Temor a encontrarte en sitios de los cuales sería difícil escapar o encontrar ayuda si tienes un ataque de pánico; es como un temor a la vergüenza.	No puedo salir de mi casa sin mi esposo. No quiero entrar al metro — ¿y si me pasa algo mientras estoy metida ahí?	Evitas sitios donde te sientes atrapada, fuera de control. No sales de la casa.

Desorden de ansiedad*	Temor	Pensamientos típicos	Comporta-miento
Ansiedad generalizada	Temor a varias cosas a la vez; posees una tendencia a sentir ansiedad por todo.	Me duele el estómago; ¿tendré una úlcera? Quizás no debería cenar hoy con Alicia; si cancelo, ¿dejará de ser mi amiga?	Siempre estás preocupado, nervioso y te cuesta trabajo dormirte o concentrarte.
Desorden postraumático	Temor a que una experiencia traumática del pasado te vuelva a ocurrir de nuevo.	Tuve una pesadilla de lo que me pasó —no me siento seguro.	Evitas personas, situaciones o lugares que te recuerden la experiencia traumática.
Desorden compulsivo-obsesivo	Temor a ser contaminado, a dejar algo sin hacer, o a hacerle daño a alguien cercano.	Tengo gérmenes en las manos; necesito limpiármelas.	Repites una acción una y otra vez. Evitas tocar ciertas cosas.
Depresión	Sentimientos y pensamientos de que tu futuro es poco prometedor.	La vida nunca va a mejorar. Me siento solo; soy un fracaso.	Te apartas de tus amigos, abandonas las actividades que solías hacer, prefieres estar en cama.

*En el Apéndice A trato estos desórdenes en más detalle.

EL CONTROL

Ahora hablemos de cómo nuestros temores nos dan una necesidad exagerada de controlar todo lo que está a nuestro alrededor, inclusive a quienes nos rodean.

Es natural querer orden y certeza en nuestro mundo. Por lo tanto, cuando no nos sentimos seguros, amados o en control, tratamos de imponer un control excesivo a nuestro alrededor en un intento de sentirnos bien. Esto no está bien. Acabamos hiriendo a quienes más queremos, lo cual nos hace sentir aún peor.

Sentimos el impulso de controlar porque aquello que intentamos controlar es en realidad lo que nos controla. Si sientes que tu pareja no te presta suficiente atención y temes perderla porque ya no esté interesado en ti, esa ansiedad te consume y te controla. ¿Cómo reaccionas a esa ansiedad? Comienzas a quejarte con tu pareja y a fastidiarla, demandando que te preste más atención. Piensas que controlando a tu pareja podrás controlar la ansiedad que sientes. Te equivocas. Sólo lograrás irritar a tu pareja y alejarla más de ti, lo cual agravará tu ansiedad. Por eso tenemos que llegar al fondo para comprender por qué tenemos ese sentimiento. Cuando sentimos ese deseo de estar conectados a otra persona, estamos experimentando dos emociones básicas: el amor y el miedo. Una vez más, es porque nos sentimos inseguros. Tememos ser abandonados, o rechazados, y en tratar de controlar la gente que queremos, lo único que logramos es aislarnos aún más.

Si te sientes controlado por tu ansiedad, pues dedícate a intentar controlar *la ansiedad,* y no a nadie o nada a tu alrededor. Para eso está el método de la visualización, el cual te explicaré en unas pocas páginas. Es un buen método para lidiar con tu temor directamente en vez de atacarlo indirectamente. También te mostraré otras maneras de controlar tus preocupaciones en el próximo capítulo. Desafortunadamente, mucha gente recurre a tratar de controlar a quienes están a su alrededor cuando los temores y la ansiedad los hacen sentir fuera de control.

Las formas de controlar

¿Cuáles son las principales formas de controlar que utiliza la gente cuando se siente fuera de control?

La manipulación. Se trata de influir sobre alguien para conseguir lo que quieres, usualmente negándole algo a la persona hasta que haga lo que quieras. Una forma extremadamente común de manipular y controlar es a través del sexo: ofreciéndolo, para seducir al compañero, o negándoselo.

Ésa es una de las formas de manipulación más utilizadas, especialmente por las mujeres. No sabes cuántas veces me llaman las mujeres para quejarse de sus relaciones y me hablan de otras cosas. Entonces les pregunto:

—Ven acá, ¿cómo está la cama?

Y responden:

—Ah, no. Yo no le voy a dar sexo a él.

—¿Y cuánto tiempo llevas sin dárselo?

—Tres años.

—Bueno —les digo—, vamos a hacer tiempo, porque el pobre hombre...

Porque si me llamas para decirme que tu hombre te fue infiel y me vas a decir que no se han acostado en tres años, pues, ¿qué esperas? Si tu temor o ansiedad tiene que ver con otra persona, siempre es bueno visualizar la relación mediante los ojos de la otra persona. Puede que tú también estés haciendo algo para empeorar la situación.

El sentirse mejor que los demás. Una persona que tiene ansiedad porque se siente incapaz o incompetente suele tratar de aparentar sentir todo lo opuesto en público. Siempre toma la opinión contraria de todo el mundo y pretende saber más que nadie. Juzga a los demás con el fin de parecer mejor. Dice comentarios para que los otros se sientan menos importantes. Al tratar de controlar lo que está a su alrededor en vez de enfrentar su ansiedad, no se da cuenta que la única persona que está engañando es a sí mismo.

La dominación. Es controlar con la rabia, con eso de que si alguien no hace lo que quieres como lo quieres, explotas. La hostilidad, la rabia que revelas con la cara, con la forma en que lo dices, es solamente para controlar una situación. Necesitas controlar el entorno.

Pero en realidad, sólo consiste en tener la ilusión de que estamos al mando. Estás haciendo exactamente lo contrario. Lo que estás es obligando a las personas. Es a la fuerza. Se trata, en realidad, de controlar a los demás por medio del miedo. La dominación puede ser una forma peligrosa de controlar, ya que puede conducir a la violencia, ya sea la violencia doméstica o el maltrato a menores.

También intentamos controlarnos a nosotros mismos

La necesidad de controlar un temor nos puede llevar a controlar aspectos de nuestras vidas que no tienen nada que ver con nuestra ansiedad o temor. Las dos formas más comunes de hacer esto es mediante desórdenes alimenticios y adicciones.

Desórdenes alimenticios: anorexia y bulimia. Aunque la bulimia, la anorexia y otros desórdenes alimenticios no son clasificados como desórdenes de ansiedad, el estrés y la ansiedad desempeñan un papel muy importante en ellos.

La anorexia nervosa es una condición sumamente dañina que hace que la gente no coma suficientes calorías para mantenerse viva. La bulimia, por otro lado, exhibe una necesidad de comer y después purgarse de la comida a través de vómitos forzados o el abuso de purgantes. Las personas que tienen estas condiciones están obsesionadas con su imagen física y piensan que necesitan perder peso, aunque no sean más que un saco de huesos.

Muchas veces estos dos desórdenes surgen porque la persona siente que no se ve bien. Puede que sea porque la madre siempre estuviera muy preocupada por su aspecto físico. O al revés, era una vieja gorda que le importaba tres pepinos su imagen y la hija veía que todo el mundo se reía de su madre y ella no quiere ser igual. Sin embargo, muchas veces estas condiciones también surgen porque la persona siente una ansiedad no relacionada que la consume, y decide controlar su peso para compensar la falta de control que siente en su vida. Se enfoca en su apariencia física, algo que sí puede controlar, para evitar pensar en aquello que no puede controlar. Cree que está solucionando su problema, pero sólo se crea otro problema, uno que la conduce por un camino precario donde muchas veces pone su vida en peligro.

Adicciones: juego, alcohol y drogas. Cuando hablamos de adicciones, ya sea de alcoholismo, abuso de drogas o juego excesivo, todo eso tiene una fuerte conexión con las ansiedades. Detrás de estas adicciones existe una ansiedad reprimida. Y es que la forma en que los afectados deciden controlar su ansiedad es por medio del juego, las drogas o el alcohol.

Lo que buscan es escapar de las ansiedades y los temores. Buscan narcotizarse para olvidar temporalmente esos temores que los afectan. Para encontrar un alivio, aunque sea transitorio, vuelven una y otra vez a lo que alguna vez les dio esa tranquilidad, lo cual significa que la adicción es un comportamiento adquirido, pero también ha sido como un canal por donde intentan deshacerse de la ansiedad.

En estos casos, hay que buscar tratamiento para la adicción primero, y así después poder resolver lo que es en el fondo del problema.

CÓMO PODEMOS EMPEZAR A LIBERARNOS

Puede que ahora te sientas un poco agobiado con toda esta información acerca de la ansiedad. Pero no te asustes; no tienes que ser víctima de tus temores. Es posible prever los temores y prepararnos para afrontarlos.

El mapa

Cuando vas a visitar a alguien por primera vez, miras un mapa antes de salir, ¿no? ¿O simplemente te metes en el auto y empiezas a manejar? Me imagino que tienes un plan de cómo llegar, ¿no es cierto? Ya sabes cuánto tiempo te vas a demorar y cuáles son las calles que tienes que tomar. Si no tienes un mapa, te pierdes por completo.

Los temores se pueden tratar de exactamente la misma forma: mediante la visualización. Si formulas un plan donde anticipas lo que está por venir, puedes empezar a enfrentarte al temor que sientes. Al hacer frente al temor y la ansiedad, ya estás adquiriendo poder. Cuando haces tu plan, no sólo lo estás escribiendo, te lo estás imaginando. Te estás viendo cumplir cada paso. Cuanto más real te parezca cada paso en tu mente, más fácil se te va a hacer cumplirlo de verdad.

EJERCICIO:
Visualización

La visualización es un ejercicio que se utiliza para mejorar situaciones. Lo comienzas a utilizar en el momento del estudio y la observación, y lo llevas hasta el momento del compromiso para el cambio.

Por ejemplo:

Vamos a decir que temes viajar en avión. Te pones nervioso. Entonces, para prepararte para tomar un vuelo, te lo imaginas. Todos los detalles. Imagínate que llegas al aeropuerto. Te bajas del automóvil. Estás caminando. Vas a buscar el tiquete. Pasas por la puerta de seguridad y llegas al avión.

Y eso lo repites, por ejemplo, cada día durante un mes antes de que llegue el día del viaje. Te llegas a acostumbrar. Tomas las riendas de la situación. Cuanto más lo visualices, más te acostumbrarás a la situación. Se te va quitando la ansiedad.

¿Qué es lo que quieres para ser más feliz? ¿Un mejor puesto en el trabajo? ¿Tienes temor a pedirlo? Visualízalo. Mira a ver cuáles son los pasos que tienes que seguir para pedir ese puesto. Piensa en tus responsabilidades actuales. En todas las tareas que cumpliste estupendamente. Es igual que el ejemplo del avión. Imagínate todos los detalles de la conversación: cómo la vas a iniciar, las calificaciones que quieres destacar, las preguntas que te podría hacer el jefe. Todo. Verás que cuando llegue el momento de pedir el puesto, te sentirás mucho más relajado y preparado.

Diario para los estados de ánimo

Si realmente quieres deshacerte de tus ansiedades de forma saludable y vivir una vida más feliz, mucho te beneficiará llevar un diario en el que anotes, todos los días, cómo te sientes y cuál es tu estado de ánimo, de tensión y de ansiedad. Anota los pensamientos positivos y negativos que pasan por tu mente, y las cosas que haces cuando te sientes de esa manera. De esta forma, vas estudiando tu reacción emocional a los temores y podrás enfrentarte a tu ansiedad en vez de buscar otros canales dañinos por los cuales intentarías futilmente de controlarla.

Cuando la ansiedad te despierta mientras duermes, cuando el pánico te despierta, ten esa libreta al lado de la cama y escribe no solamente lo que soñaste —es decir, los hechos—, sino también los sentimientos: tristeza, rechazo, temor a ser abandonado. Esas anotaciones van formando el análisis para reconocer de dónde vienen los sentimientos y las emociones.

EJERCICIO:
Un diario

El psiquiatra Robert Leahy desarolló un diario en su libro *The Worry Cure (La cura contra las preocupaciones)*. Yo también sugiero uno parecido:

Día y hora	Qué está pasando alrededor	Cómo me siento	Mi preocupación	¿Qué hice para ayudarme?	¿Cómo me sentí después?
Lunes, 7 a.m.	Me estoy levantando para ir al trabajo.	Ansioso y estresado.	Tengo temor de hablar con mi jefe.	Fui al trabajo y no pude concentrarme.	Inepto.
Miércoles, 5 p.m.	En el auto de regreso a casa.	Tenso, con miedo de tener un accidente.	Que voy a tener un accidente.	Manejar despacio, tomar una ruta más larga.	Más tenso porque llegué a casa tarde.
Jueves, 8 a.m.	Mi hijo todavía no se ha levantado.	Enojado, estresado.	Que sus notas están malas y no quiere ir a la escuela.	Peleé con mi hijo para que se apure en llegar a la escuela.	Enojado conmigo mismo.
Viernes, 8 p.m.	Se acabó la semana de trabajo.	Agotado, deprimido.	Que nunca voy a tener suficiente tiempo.	Comí una caja entera de pizza.	Dolor de estómago.

Como puedes ver en el diario, muchas veces cuando no estamos contentos y tenemos un problema, lo que hacemos como respuesta a ese problema nos hace sentir aún peor. Estamos padeciendo de una emoción negativa y no estamos pensando con claridad. Como consecuencia, esa emoción nos lleva a hacernos más daño o hacerle daño a la gente que más queremos.

Ahora hazlo tú. Para liberarte de este ciclo vicioso, primero necesitas identificar lo que te afecta y escribirlo de forma regular.

A finales de la primera semana podrás ver cuáles fueron tus problemas principales, cuándo ocurrieron, qué hiciste para tratar de controlar el problema y cómo te sentiste durante y después del episodio.

"Oración de la Serenidad"

No es que necesitemos abandonar el control; necesitamos abandonar la necesidad de controlar, al igual que abandonar la necesidad de ser aceptados. Admito que no es fácil; es difícil tomar ese paso, pero necesario si te quieres liberar de la ansiedad y los temores.

Algo que te puede ayudar es la famosa "Oración de la Serenidad". A mí, esta oración me salva de muchas cosas. Al repetirla, me acuerdo de que hay ciertas cosas que podemos cambiar, como la ansiedad y nuestra felicidad, y ciertas cosas que no se pueden controlar, como algunas circunstancias de la vida.

Aquí te la repito:

Dios concédeme la

Serenidad para aceptar
las cosas que no
puedo cambiar...

Valor para cambiar
aquellas que puedo y

Sabiduría para reconocer
la diferencia...

Esta es de verdad una de las claves para poder vivir una vida más feliz. Acuérdate, como ya mencionamos, que el Dalai Lama dijo que el camino hacia la verdadera felicidad llega cuando aprendemos a aceptar tanto las experiencias agradables como las desagradables. Eso es lo que enseña la "Oración de la Serenidad". Primero, aceptar lo que trae la vida. Sin embargo, eso no significa que debas quedarte estancado. Tienes que tener el valor para hacer los cambios positivos que puedas.

Mira cuántos cantantes hay que son ciegos: José Feliciano, Andrea Bocelli, el estadounidense Stevie Wonder. No tuvieron más remedio que aceptar que no podían ver. Pero al utilizar sus otros sentidos, y el talento con el que nacieron, pudieron brillar para todo el mundo y vivir una vida más feliz.

Segunda Parte:

Liberarte

Capítulo cuatro

EL PODER DE LOS HECHIZOS

PASO 3:
Libérate de tu voz interior negativa

¿Cómo podemos liberarnos y vivir una vida más feliz?

¿Cómo dejar atrás los dramas vividos y los que observamos a nuestro alrededor y así encontrar la felicidad?

¿Cómo liberarnos del sufrimiento del pasado, el temor hacia el futuro y las ansiedades de la vida cotidiana?

¿Recuerdas algunos momentos de tu pasado en que estabas abrumado por situaciones económicas difíciles, o por la depresión o por otras circunstancias, y estos recuerdos te hacen frenar tu deseo de progresar profesionalmente o de comenzar una nueva relación?

Como seres humanos, nos sentimos atraídos hacia dos direcciones a la vez. Por un lado está el deseo de felicidad y de éxito que nos estimula a avanzar, y por el otro lado nos reprimen los sentimientos y pensamientos negativos del pasado. Es como manejar un auto con un pie en el acelerador y el otro en el freno.

Lo que necesitamos es abrir los ojos para ver que lo que nos impide vivir a plena capacidad son las preocupaciones y las dudas, obstáculos encerrados en nuestro subconsciente. Esos sentimientos actúan como un imán que atrae la energía negativa que se encuentra a nuestro alrededor para entonces proyectarla hacia nuestro interior. Hay veces en que nos creamos una nueva visión para nuestras vidas, de algo que deseamos, pero después, como ladrones en la noche, se interponen nuestras inseguridades, esas dudas que nos dan mensajes confusos del pasado y nos dictan lo que no podemos hacer.

En los Capítulos 2 y 3 te hablé de las creencias y de los otros tres enemigos principales de la felicidad: el estrés, el temor y la ansiedad. Comúnmente, estos obstáculos se nos presentan en la forma de preocupaciones y dudas. Si estamos en un balcón y le tenemos temor a las alturas, el miedo que sentimos se presentará como una preocupación de que algo malo nos va a suceder. Si estamos ansiosos en el trabajo, lo que surge son un sinnúmero de preocupaciones: "A mi jefe no le gusta mi trabajo", "Me van a despedir si no termino este proyecto a tiempo". Si tenemos la creencia de que somos incapaces, dudamos de nosotros mismos constantemente. Nos preocupamos porque al hacerlo, estamos intentando controlar nuestras vidas. Pensamos que si estamos pensando en nuestros problemas, eso significa que estamos haciendo algo productivo; que estamos más cerca de encontrar una solución. Pero eso sólo es cierto si estamos pensando en nuestros problemas de forma positiva. Si al preocuparnos por nuestros problemas sólo nos enfocamos en lo mal que nos sentimos, ese tipo de preocupación es muy contraproductiva.

Lo esencial para tener todo lo que deseamos en la vida es aprender a soltar, a desprendernos y a liberarnos de las preocupaciones. Cuando aprendemos a liberarnos de esa basura emocional, empezamos a disfrutar del bienestar en todos los aspectos de nuestra vida. Por eso, el tercer paso para ser más feliz es:

PASO 3: *Libérate de tu voz interior negativa*

Los hechizos: el poder de las palabras

El lenguaje que utilizamos para describir nuestras preocupaciones y dudas tiene un efecto inmenso en nuestros sentimientos y creencias. Las palabras tienen el poder de aliviar o agravar nuestra situación. Tenemos que darnos cuenta de que lo que nos decimos a nosotros mismos se convierte en un hechizo.

Yo creo que en el pasado, cuando se hablaba de la gente que pensaba que alguien le había hecho un maleficio, se trataba principalmente de casos en que les decían: "Maldita tu madre, maldigo a tu padre", y entonces se pensaba que eso era un hechizo. Lo que sucedía era que la familia lo escuchaba, se lo creía y lo pasaba de generación en generación (como ya hemos discutido, los hijos tienden a heredar las creencias y los temores de los padres). Lo que aquella persona le dijo a la familia no eran más que palabras, pero la familia decidió adoptarlas como la verdad, como un hecho, como un "hechizo"; un hechizo que sólo produce cosas negativas.

Del mismo modo, las palabras también tienen la capacidad de convertir lo negativo en lo positivo. ¡De cuántas personas hemos escuchado que saben que tienen una enfermedad grave, pero realmente creen que se van a recuperar! Ves que esa persona —yo lo he visto— tiene fe en que la oración la va a curar. No te puedo decir con certeza que todos se curan, pero que se les alarga la vida, sí.

Si pensamos en el poder de nuestras palabras y las vemos como una oración, ahí yo diría que eso fue lo que pasó con los pacientes enfermos. Cuando rezamos con fe, con emoción, con sentimiento, por lo general recibimos lo que pedimos.

Si crees que nunca serás feliz, mejor es que no lo digas verbalmente o en voz alta porque es como si lo rezaras. Aun si no lo verbalizas pero lo sigues pensando, eso también te hace mucho daño —ese diálogo interno negativo forma parte del hechizo.

Cuando padecemos de ansiedad y preocupaciones, nos convencemos con nuestras palabras que todo en nuestra vida es difícil. Convertimos un problema específico que debe tener una solución en una preocupación, un hechizo, que llega a dominar nuestras vidas. La solución es desprendernos de los hechizos, de esa voz interior negativa, con un plan de acción.

PLAN DE ACCIÓN: IDENTIFICAR, ADMITIR Y COMPROMETER

Cuando vas al mercado, tienes un plan, ¿no? Haces una lista de lo que necesitas o recorres los pasillos en busca de las cosas que te hacen falta, mirándolo todo para ver si se te ha olvidado algo. A lo mejor haces ambas cosas: llevas una lista y recorres los pasillos de todos modos.

Nuestras preocupaciones se pueden tratar de exactamente la misma forma. Con un plan de acción, puedes empezar a enfrentar tus problemas. Al hacer frente al temor y la ansiedad, ya estás adquiriendo poder.

Tienes que identificar los puntos que debes cumplir para seguir el camino hacia tu objetivo. Debes poner, en primer lugar, el más importante. Por ejemplo, en el ejemplo del mercado, tu meta más importante es comprar lo que necesitas para la cena. Entonces, hay que dividir esa meta en pequeños pasos: revisar lo que tienes en la nevera, preguntarle a los hijos si quieren algo que acompañe la cena, crear tu lista. Ése es tu plan de acción para el mercado, y un plan similar se puede aplicar a los hechizos.

En este capítulo te daré seis tácticas para disminuir tus ansiedades y preocupaciones. Pero antes de empe-

zar, tienes que comprometerte a cambiar y mejorar tu
vida con mi plan de acción.

El plan de acción consiste en:

1. **Identificar** tus creencias y preocupaciones

2. **Admitir** que estás padeciendo de estos
   problemas

3. **Comprometerte** a cambiar tu vida

1. Identificar

Como te comenté en los Capítulos 2 y 3, tienes que
observarte e identificar tus creencias y preocupaciones.
Tienes que hacer la conexión entre tus emociones, ya
sea una creencia, el estrés, un temor o la ansiedad, y lo
que te está causando esas emociones. Tienes que preguntarte: "¿Cuáles son mis problemas más grandes?
¿Cuál es la raíz de mi problema? ¿Cómo es que me he
creado este drama? ¿Qué debo hacer para cambiar las
cosas?" Ese conocimiento propio es el punto de partida
para la transformación.

EJERCICIO:
Identifica tus problemas más grandes

Piensa en los capítulos anteriores y en todas las creencias, temores y ansiedades que te descubriste. Saca los ejercicios que has completado hasta ahora. Estúdialos, y reflexiona. Quiero que pienses en cuáles son los problemas que más te afectan de todo lo que te has descubierto. Ahora que tienes enfrente tus creencias más negativas, tu escalera de temores y lo que te provoca estrés y ansiedad, toma un papel y lápiz y escribe una lista de lo que más quieres cambiar y mejorar en tu vida. Organiza la lista por orden de importancia. Por ejemplo:

Problema	Emociones
1. Me siento solo y tengo miedo de que nunca voy a encontrar una pareja.	Ansiedad, preocupación.
2. Me pongo nervioso cuando estoy en situaciones sociales.	Temor social, ansiedad.
3. Temo que me van a despedir del trabajo.	Inseguridad, incompetencia.

Con este ejercicio estás demostrando la intención de identificar tus problemas. Esta intención es el verdadero punto de partida para ser feliz. Es cuando empiezas a entenderte y, si tienes la intención de conocerte, reconocer que eres importante. Hasta te sube la autoestima. Porque estás enfocándote en ti. No es cuestión de egoísmo, es tomar responsabilidad y control de tu vida en vez de dársela a otra persona. Este es el primer paso de tu plan de acción para quitarte los hechizos.

2. Admitir

El segundo paso en tu plan de acción es reconocer y admitir que padeces de emociones y pensamientos negativos. No es cuestión de simplemente decir, "Bueno, aquí está mi lista". *Admitir* significa decirte, "Bueno, tengo este problema, pero yo puedo hacer algo para ponerme en control de mi vida. No tengo que sentir vergüenza en admitirlo; al revés, lo avergonzante sería no hacer nada y dejar que el problema continúe". Tienes que aceptar las realidades de tu vida y reconocer que no puedes controlar todas sus circunstancias, pero *sí* puedes manejar tus reacciones y emociones. Lo que tienes que aceptar y entender es que *tú puedes cambiar tu vida.* No puedes esperar a que algo o alguien mejore tu situación —¡*tú* tienes que mejorarla!

También necesitas recordarte que tú no eres la única persona en el mundo que tiene problemas —eso te lo puedo asegurar. Todo el mundo tiene preocupaciones, ansiedades, estrés y temores. La clave es cómo manejar los problemas y cómo dejamos que influyan en nuestras vidas.

En el resto del capítulo te voy a dar una serie de tácticas que te darán la fuerza necesaria para admitir que estás padeciendo de dudas y preocupaciones y que tú puedes cambiar tu situación. Aquí están brevemente:

Táctica 1: **Vive en el presente** y deja de esperar lo peor.

Táctica 2: **Examina las probabilidades** con preguntas concretas.

Táctica 3: **Analiza tus predicciones:** ¿Ocurrió la catástrofe que esperabas?

Táctica 4: **Disminuye las dudas** y piensa en opciones viables.

Táctica 5: **Obsérvate desde lejos** y determina: ¿Cuál es mi realidad?

Táctica 6: **Deja el drama** y aplica en el futuro las lecciones aprendidas.

El empezar a pensar que tú sí puedes cambiar ese estado anímico que te está invadiendo te impulsa. Eso es parte no solamente del acto de admitir, sino de la intención de cambiar y ya, con eso, te vas moviendo hacia la determinación y el compromiso.

3. Comprometer

La intención es lo que produce un resultado. Si tú no tienes una intención clara, no hay posibilidad de nada más. Si una persona no está comprometida cien por cien a hacer algo, el resultado no se va a materializar. Para hacerlo realidad, hay que imaginárselo y tomar ciertas medidas. Por medio de la acción vas eliminando las preocupaciones poco a poco, con cada paso que tú das.

Ahora tienes que hacer un acuerdo contigo mismo que vas a dedicar tiempo para hacerte más feliz. No puedes hacer esto a medio tiempo —tienes que dedicarte por completo para poder alcanzar más felicidad en tu vida.

EJERCICIO:
Mi contrato

Yo me comprometo a cambiar mi vida
y vivir una vida más feliz.

_____
tu nombre

_____
tu firma

Ahora que has identificado tus preocupaciones y te has comprometido a cambiar tu vida, te voy a dar seis herramientas o tácticas para cambiar tu vida —para quitarte los hechizos y disminuir tus preocupaciones y el estrés de una vez por todas.

LAS SEIS TÁCTICAS PARA DESHACERTE DE LOS HECHIZOS

En esta sección te ofrezco seis tácticas que te ayudarán a bajar tu nivel de estrés y disminuir tus preocupaciones usando el poder de las palabras. Quizás todas te serán útiles, o puede ser que algunas funcionen mejor que otras. Lo importante es usar las tácticas que funcionen para ti, dentro de tu situación, para poder tomar control de tus emociones y vivir una vida más feliz.

Cuando se padece de un problema, de una preocupación, de un temor, la gente suele decir: "Bueno, tienes que pensar de forma positiva". Eso es mucho más fácil de decir que de hacer, pero sí estoy de acuerdo con que se debe empezar por las palabras. El camino hacia pensar de forma más positiva comienza con observar el desarrollo de tus preocupaciones —cómo comienzan, y cómo van evolucionando— hasta identificar el punto del desarrollo de esa preocupación donde debes decir "¡Para!" y así ponerle fin al desarrollo de los hechizos. Después de usar estas tácticas para deshacerte de los hechizos, puedes empezar el camino hacia la creación perpetua de pensamientos positivos.

Táctica 1: *Vive en el presente* y deja de esperar lo peor

Cuando nos preocupamos, a veces empezamos a mirar al futuro a través de un filtro de realidad muy negativo. Pensemos en el ejemplo de Claudia. Ella tiene una reunión en el trabajo mañana en la cual va a necesitar hacer una presentación. Empieza a sentirse ansiosa porque no le gusta hablar en público y teme que no le va a ir bien en la reunión. Si la reunión es un fracaso, piensa que la podrán despedir del trabajo, ¿y después qué va a hacer? No va a tener dinero para pagar las cuentas y nadie va a querer estar con ella.

¿Ves lo que pasa? Ella se precipitó en sacar conclusiones —¡conclusiones falsas! Tomó una preocupación del presente y la convirtió en una catástrofe del futuro. Lo único que está pasando ahora es que está ansiosa por la presentación, pero sus preocupaciones la llevaron a saltar a varias conclusiones, cada una peor que la anterior. En lugar de disminuir su ansiedad, sólo logró aumentarla.

Uno de los primeros pasos para poder vivir una vida más feliz y tomar control de tu vida es vivir en el presente inmediato. Si vives siempre en el futuro, preocupándote por eventos negativos que ni han pasado y quizás jamás van a pasar, te quedas agotado emocionalmente. Por ejemplo, en estos momentos tú estás leyendo este libro. Y te sientes bien. Pero si te pones a pensar en lo que tienes que hacer mañana o lo que quizás no hiciste hoy, puede que te dé un poco de estrés.

Vivir en el momento, en el ahora, nos hace más felices y menos vulnerables a la ansiedad. Tienes que situarte en este momento, concentrarte en lo que estás haciendo ahora. No puedes controlar lo que te pasó en el pasado, o lo que te va a pasar en el futuro. En realidad, lo único que puedes controlar es el presente. Si tienes una preocupación ahora mismo, en vez de proyectar todos tus miedos hacia un futuro catastrófico, tienes que simplemente decir: "Bueno, me tengo que enfocar en lo que tengo que hacer ahora, en este momento. Yo no voy a pensar en las otras diez tareas que tengo que hacer o en las consecuencias de mis problemas. Me tengo que concentrar en esto". Piensa que si te pones a pensar demasiado en el futuro, te da una parálisis que entonces sí puede afectar lo que estás haciendo en el presente, y consecuentemente tu futuro sí se afectará, todo porque no pudiste dejar de preocuparte.

EJERCICIO:

La cadena

Si tus pensamientos brincan varios pasos hacia delante cuando tienes una preocupación, haz lo siguiente. Escribe tu problema inicial, y después escribe todos los eslabones de la cadena de preocupaciones que le siguen.

Por ejemplo, Juan está preocupado que no va a pasar su examen de inglés. Bueno, si se preocupara simplemente por esto, quizás estudiaría más. Pero Juan se precipita a sacar conclusiones:

Preocupación inicial	Primer eslabón	Segundo eslabón	Tercer eslabón
No voy a pasar mi examen	Nunca voy a aprender inglés	No voy a encontrar un mejor trabajo si no hablo inglés	No voy a poder mantener a mi familia

(Problema manejable) ──────────────→ *(Catástrofe)*

Lo que Juan tiene que hacer es olvidarse de los eslabones posteriores y sólo enfocarse en el problema inicial: su temor de que no va a pasar el examen. Bueno, eso sí es un problema, pero no es el fin del mundo, ¿no es cierto? Tiene que preguntarse a sí mismo, "¿Qué puedo hacer *yo* para evitar este problema? ¿Puedo estudiar más? ¿Puedo pedirle a un amigo que me ayude?" Debe empeñarse en hacer todo lo posible por pasar el examen. A la vez, también puede ir preparándose en el caso de que su preocupación inicial sí se realice: "Si no paso el examen, ¿qué otras soluciones hay?" Quizás puede retomar el examen. Quizás esa profesora no es buena maestra y se debería cambiar de clase.

Observa cómo Juan puede romper la cadena de pensamientos negativos:

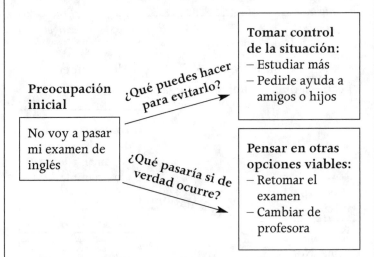

Preocupación inicial

No voy a pasar mi examen de inglés

¿Qué puedes hacer para evitarlo?

Tomar control de la situación:
− Estudiar más
− Pedirle ayuda a amigos o hijos

¿Qué pasaría si de verdad ocurre?

Pensar en otras opciones viables:
− Retomar el examen
− Cambiar de profesora

En otro ejemplo, pensemos en Pamela. Ella está saliendo con Jorge, pero él no la ha llamado en varias semanas. Por consecuencia, ella cree que nunca va a encontrar una pareja, que nunca se va a casar con alguien, que nunca va a tener hijos y que su vida va a ser una desgracia. ¡Sólo porque Jorge no la ha llamado ahora piensa que su vida va a ser un fracaso!

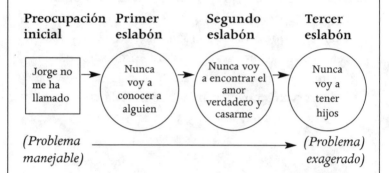

Preocupación inicial → **Primer eslabón** → **Segundo eslabón** → **Tercer eslabón**

| Jorge no me ha llamado | Nunca voy a conocer a alguien | Nunca voy a encontrar el amor verdadero y casarme | Nunca voy a tener hijos |

(Problema manejable) ⟶ *(Problema exagerado)*

Ahora mira cómo Pamela puede romper su cadena de pensamientos negativos:

Preocupación inicial

| Jorge no me llama. No quiere estar conmigo. |

¿Qué puedes hacer para evitarlo? →

Tomar control de la situación:
– Llamar a Jorge y preguntarle por qué no la ha llamado

¿Qué pasaría si de verdad ocurre? →

Pensar en otras opciones viables:
– Salir con amigas para conocer otros hombres
– Poner un aviso en el Internet

En vez de brincar tres pasos hacia el futuro, Pamela tiene que enfocarse en el problema actual y pensar en lo que puede hacer para tomar control de la situación. Si Jorge no la ha llamado, ¡pues que ella lo llame! Quizás esté fuera de la ciudad visitando familia, o quizás haya estado muy ocupado con el trabajo o con un problema familiar. Bueno, sea lo que sea, no lo va a saber hasta que lo llame. O tal vez puede pensar de otra manera —si él no la quiere lo suficiente como para llamarla, quizás él ni valga la pena y lo mejor que ella puede hacer es seguir adelante con su vida. La clave es romper esa cadena de preocupaciones que la ata y pensar sólo en el problema inmediato.

Ahora, ¡hazlo tú! Anota tu preocupación inicial y enfócate en el presente. Sigue evaluando tus opciones y, tarde o temprano, encontrarás la mejor. Cuando lo hagas, entonces te tocará decidir si eso es lo que quieres hacer. Repito: lo que *tú* quieres hacer, no lo que te va a pasar a ti. Este es un paso importantísimo para tomar control de tu vida y hacerte responsable de lo que te pasa. Escribir una lista de cómo puedes evitar un problema y cómo puedes prepararte para el problema te ayudará determinar cuál es la mejor respuesta a tu situación.

Táctica 2: *Examina las probabilidades* con preguntas concretas

Muchas veces, las preocupaciones no se basan en un hecho concreto. Como te he comentado anteriormente, hay una diferencia entre como *son* las cosas y como las *vemos*. Para acercarnos más a la realidad, tenemos que analizar nuestras preocupaciones y calcular si lo que tememos puede ocurrir de verdad.

Recordemos el ejemplo de Esteban en el capítulo anterior. A su hijo Carlitos lo invitaron al parque acuático, pero Esteban le tiene temor al agua. Ese temor se manifiesta como una preocupación de que su hijo va a tener un accidente. Como les comenté, Esteban debe hacerse una serie de preguntas concretas. Ahora cambiemos las preguntas un poco para ver cuál es la probabilidad de que suceda un accidente:

- ¿Cuál es la probalidad de que van a haber otros adultos responsables en el parque acuático? (95%)

- ¿Cuál es la probalidad de que habrá un salvavidas vigilando? (100%)

Ahora que podemos examinar la probabilidad de que alguien estará vigilando a los niños, vemos que el peligro que Esteban percibió no se basa en la realidad.

En otro ejemplo, si Osvaldo no quiere salir a la calle porque le preocupa que un automóvil lo atropelle, tiene que preguntarse: ¿Cuál es la probabilidad de que me vaya a atropellar un auto? Digamos que él cree que la probabilidad es muy alta, como el 80 por ciento. Ahora debe hacerse algunas preguntas para de verdad saber cuál es la realidad:

- ¿Cuál es la probabilidad de que voy a mirar a ambos lados de la calle antes de cruzarla? (90%)

- ¿Cuántas veces he cruzado la calle sin problema alguno? (100%)

- ¿Cuánta gente ha sido atropellada en esta zona en la última semana? (Nadie)

- ¿Cuál es la probabilidad de que estén funcionando correctamente los semáforos? (90%)

Ahora, ¿cuál es la nueva realidad de la preocupación de Osvaldo? ¿Todavía se justifica su miedo por ser atropellado? Su primera reacción fue que la probabilidad de ser atropellado era muy alta, pero después de hacerse una serie de preguntas, ahora le parece bastante improbable que esto suceda.

EJERCICIO:
Examina las probabilidades

Piensa en algo que te preocupa. Anota esa situación. Luego analiza las probabilidades de que eso realmente suceda. Respóndete con sinceridad.

Aquí te ofrezco un ejemplo donde Miguel tiene miedo que va a perder su trabajo.

Situación: Temo que me van a despedir del trabajo.

Preguntas concretas que se tiene que hacer: *¿Cuál es la probabilidad de que...*	Probabilidad (0%-100%)
...voy a terminar mis proyectos a tiempo?	70%
...la empresa esté despidiendo empleados?	30%
...voy a estar bien preparado para mi presentación mañana?	80%

Después de hacerse estas preguntas, las probabilidades de que ocurra lo peor bajaron sustancialmente. Resulta que por lo general, Miguel termina su trabajo a tiempo y se va a preparar bien para la presentación. Además, ahora mismo la empresa no tiene intenciones de despedir a nadie. Miguel se da cuenta de que es poco probable que lo despidan ahora que hizo este ejercicio. La realidad que él había percibido al principio del ejercicio era mediante *su* filtro negativo de la realidad. Ahora que logró desconectarse de la situación, pudo ver que su realidad es mucho más optimista de lo que había pensado.

Ahora tomemos un ejemplo diferente, el de una creencia negativa. Juana siempre se dice, "Soy fea". Esta creencia le baja la autoestima y por lo tanto, a Juana le cuesta compartir con otros. Yo le hice varias preguntas concretas, y así me respondió:

Mi pregunta	Su respuesta
¿Cuánta gente te ha dicho que eres fea?	Sólo un novio, hace 4 años.
¿Todavía estás con ese novio?	No.
Y tu novio más reciente, ¿él también te dijo que eres fea?	No.
¿Hay gente que te dice que eres bonita?	Sí. Mis amigas y mis hermanas.
Cuando sales a una fiesta, ¿sientes que los hombres te están mirando?	A veces, sí.

Con esta serie de preguntas y respuestas, logramos identificar la experiencia que formó esta creencia, y también logramos quitarle el hechizo que ella misma se autoimpone de que es fea, ya que la mayoría de la gente le dice que es bonita.

Ahora, ¡hazlo tú! Anota tus preocupaciones y después obsérvate desde lejos. Hazte preguntas —preguntas concretas basadas en hechos reales— para llegar a entender realmente cuán grave es tu situación.

Táctica 3: *Analiza tus predicciones: ¿ocurrió la catástrofe que esperabas?*

¿Recuerdas el ejercicio de la cadena que te presenté en la Táctica 1? Una vez que pasen varias semanas de crear tu propia cadena, te sugiero que mires tus preocupaciones y lo que predijiste. Ahora verás si lo que habías imaginado en tu cadena de preocupaciones de veras ocurrió. O sea, ¿estuviste correcto en pensar que lo peor iba a pasar, o resulta que ocurrió algo mucho menos grave? Me imagino que lo más probable es que no ocurrió lo peor.

Por ejemplo, pensemos en Juan. Al final sí logró pasar su examen de inglés, aunque no sacó la mejor nota. Ahora que se dio cuenta de que tanto esta predicción como varias otras no se realizaron, en el futuro no tomará sus preocupaciones tan en serio. Según un estudio de la Universidad del Estado de Pensilvania, el 85 por ciento de nuestras predicciones resultan ser falsas.

EJERCICIO:
¿Cómo adivinaste?

Ahora hazlo tú. Escribe una lista de tus preocupaciones y predicciones por una semana. La semana siguiente, revisa a ver si tus predicciones se realizaron. Por ejemplo:

Esta semana: Preocupación y predicción	Próxima semana: Lo que de veras pasó
Cometí un error: me van a despedir del trabajo.	Todavía tengo el mismo trabajo.
Estoy atrasado: mi pareja va a estar furiosa.	Se puso un poco molesta.
Mi hija no me presta mucha atención: ya no me quiere.	Salimos a ver una película este fin de semana y lo pasamos muy bien.

Si analizas tus preocupaciones y concluyes que la mayoría de las veces tus predicciones son falsas, ¿no crees que la importancia que le prestas a tus problemas va a disminuir? O sea, quizás no vale la pena agobiarte tanto por una falsa alarma.

Táctica 4: *Disminuye las dudas* y piensa en opciones viables

Uno de los obstáculos más grandes a la felicidad es la duda: "¿Y si…?". Ése es el centro del problema para todas las personas que padecen de ansiedad o de indecisión. Cuando la gente sumamente dudosa tiene que hacer algo, en su mente surge un sinfín de pensamientos negativos:

"¿Y si lo rompo?"

"¿Y si tengo un accidente?"

"¿Y si me llama mi pareja y no estoy y se enfogona?"

"¿Y si me despiden?"

En mi tratamiento para este problema, lo primero que le digo a mis pacientes es: "Tendrás que evaluar, analizar y deshacerte de esa tendencia a preguntarte '¿Y si…?' Lo único que necesitas es darle una respuesta sincera y realista a tu propia pregunta".

"¿Y si llueve?" Pues nada, te llevas un paraguas. Si te vas a mojar, pues te mojas. Llueva o no llueva, no dejes que nada arruine tus planes. En otras palabras, si ocurre algo en contra de tus planes, ¿qué pasará? ¿Te vas a morir? No. ¿Vas a sufrir a mucho? No.

Cuando piensas "y si…", es como cuando suena la alarma por la mañana y te apuras a apagarla. En ese momento, sin ese ruido estorbándote, puedes pensar tranquilamente en tu día y prepararte mentalmente para enfrentarlo. De modo semejante, es cuando paramos el ruido interior que nos estorba los pensamientos que podemos enfocarnos tranquilamente en los problemas y prepararnos a enfrentarlos de forma positiva.

EJERCICIO:
¿Y si...?

Veamos qué medidas puedes tomar para superar esas situaciones en que te preguntas: "¿Y si...?" Piensa en algo que te preocupa.

1. **Identifica** la primera situación que te viene a la mente y que te hace pensar: "¿Y si...?" Ése es el factor "miedo" funcionando. Anota esa situación.
2. Ahora, piensa en todos los posibles **resultados** de esa situación. ¿Cuál sería el peor resultado? Anótalo. También pregúntate: ¿Cuál sería el mejor resultado? ¿Cuáles serían otros posibles resultados?
3. Ahora pregúntate cómo podrías **prepararte** para afrontar ese resultado o cómo podrías evitarlo. Anota todas las respuestas que se te ocurran en una lista y clasifícalas del uno al diez por cuán viables o beneficiosas sean.

Aquí te ofrezco un ejemplo donde Cecilia está preocupada por pedirle a su jefe un aumento de salario porque teme que le va a decir que no y quizás hasta despedirla.

1. **Identifica la situación:** *Quisiera pedirle un aumento de salario a mi jefe, pero ¿y si me despide?*

↓

2. a) **¿Cuál sería el peor resultado de "¿y si me despide?"** *Nunca encontraré un trabajo tan bueno como éste.*

   b) **¿Cuál sería el mejor resultado?** *Quizás sí encuentre un trabajo que me pague lo que me merezco y sea hasta mejor para mí.*

   c) **¿Cuáles son otros posibles resultados?** *Me tome tiempo para mí misma y mi familia y para pensar en lo que verdaderamente busco en un trabajo o en mi carrera. O un amigo le podría contar a su jefe de mí y esa compañía me podría ofrecer una entrevista.*

↓

3. a) **Cómo puedo evitar la preocupación (de que me despidan):**

   - *No le pido el aumento.* (Beneficioso o viable: 0 - No saco nada con esto)

   - *Dejo el trabajo y me busco otro.* (Beneficioso o viable: 5 - Es posible, pero tengo que encontrar un trabajo nuevo que me pague lo que quiero)

   - Puedo intentar ganar la lotería. (Beneficioso o viable: 0 - Casi imposible)

b) Cómo puedo afrontar la preocupación (asegurar que no me despidan):

- Puedo hacer una lista de razones por las cuales me merezco un aumento y presentársela. (Beneficioso o viable: 10 - Es razonable y profesional)

Este ejercicio es como dos ejercicios en uno porque requiere que Cecilia piense en los posibles resultados de su preocupación y también piense en lo que ella puede hacer para enfrentarse a su preocupación y mejorar su situación. Lo importante es que Cecilia tiene que pensar en *varios* resultados, no sólo en el *peor* resultado. Bueno, ¿qué pasaría si la despiden? ¿Es el fin del mundo? Ella teme que no encontrará un trabajo que pague tan bien como éste, pero ese resultado no es la única cosa que puede pasar. También es posible que encuentre un trabajo que le pague aun más de lo que tenía pensado pedirle a su jefe, o que pueda pasar un poco más de tiempo en casa con su familia antes de encontrar otro trabajo. La mejor manera de evitar que su "¿y si me despide?" se haga realidad es preparándose y afrontándose a su problema con su lista de razones por las cuales merece el aumento de salario. Al presentarle esta lista al jefe, es muy poco probable que su "¿y si me despide?" se haga realidad. Es mucho más probable que reciba su aumento, que el jefe le diga que le dará el aumento a finales del año o que el jefe no le dé el aumento pero tampoco la despida. Ahora el problema no parece tan drástico, ¿no? Esto es porque en el tercer paso a ella le toca decidir lo que quiere hacer. Repito: lo que *ella* quiere hacer, no lo que le va pasar a ella, lo cual significa que ella misma puede prevenir que su "¿y si...?" se haga realidad.

Esta táctica es un paso clave para tomar el control de tu vida y hacerte responsable por lo que te pasa a ti. Si miras no sólo el peor resultado pero también a otras posibilidades, ya te estás abriendo el camino hacia los pensamientos positivos. Luego, si anotas una lista de cómo puedes evitar el problema y cómo puedes afrontarlo eso te ayudará a determinar cuál es la mejor respuesta a tu situación y así empezarás a controlar tu destino.

Táctica 5: *Obsérvate desde lejos* y determina: ¿cuál es mi realidad?

Cuando nos preocupamos, quedamos atrapados por esas ansiedades y nos sentimos ahogados por nuestros problemas. Es muy difícil solucionar nuestros problemas desde cerca; necesitamos distanciarnos de nuestra situación para poder mejorar nuestra vida. Al distanciarnos, podemos de verdad ver cuán grave es nuestro problema. Podemos ver en qué enfocamos nuestra atención, cómo pensamos, qué fuerza tienen nuestras palabras, cómo elegimos nuestros valores, por qué adoptamos ciertos comportamientos y cómo nuestras creencias y nuestros sentimientos influyen en nuestras vidas. Lo importante es ver la diferencia entre lo que nosotros percibimos como nuestra realidad y la realidad actual.

Empecemos por explorar nuestros pensamientos, creencias, lenguaje y comportamiento. Observar estos aspectos nos brinda la oportunidad de vernos con más claridad. Nos da control. El punto es reconocer nuestros hechizos, y reconocer que las únicas personas que estamos dañando con los hechizos somos nosotros mismos. Están obstaculizando nuestra felicidad. Si podemos reconocer esos obstáculos, conseguiremos neutralizar el poder que ejercen sobre nosotros. Podremos contrarrestar los pensamientos negativos con los positivos.

Esos temores emocionales, esos hechizos de las palabras… lo primero que hay que intentar es desconectarlos de los sentimientos, porque los sentimientos son los que los congelan. Los marcan. Los sellan. Como ya vimos en el capítulo sobre las creencias, las experiencias forman creencias, que a su vez forman pensamientos y emociones. Son las emociones y los pensamientos que mantienen vivas las creencias y los hechizos en tu mente.

En el proceso de la observación objetiva, uno se pone en un estado de introspección continua. Es un estado de concientización propia. Analízate, toma conciencia no sólo de tus debilidades sino de tus habilidades. Empezarás a marchar por buen camino cuando te acostumbres a practicar continuamente eso de examinar: "¿Cuál es mi realidad?" Por medio de la observación *objetiva* es que nos convertimos en quienes verdaderamente somos, y no en quienes pensamos que somos o quisiéramos ser. Nos empezamos a sentir cómodos en nuestra propia piel. Empezamos a observar nuestra vida como si la estuviésemos mirando a través de ojos ajenos en vez de los nuestros. En vez de observar nuestra vida mediante el filtro de los hechizos, empezamos a observarla como la ven los demás: mediante los ojos de nuestros amigos y familiares que nos quieren, nos aprecian y que piensan lo mejor de nosotros. Si tú piensas que todo te sale mal y que tu vida es un caos completo, pregúntale a tu hijito a ver lo que piensa de ti: es posible que para él tú seas el único rey o reina del mundo. A veces somos demasiado severos con nosotros mismos, y necesitamos tomar prestados los ojos de alguien que nos quiere para aprender a querernos a nosotros mismos.

EJERCICIO:
¿Cuál es mi realidad?

Para salirte de tu situación y observarte objetivamente, tienes que hacer de cuenta que eres un amigo o un familiar que te está dando consejos. Si dices: "Yo soy tímido y temo que nadie va a querer salir conmigo", ¿crees que tu mejor amigo te diría, *Tienes razón, eres callado y aburrido. ¡Con razón nadie quiere salir contigo!*? Creo que no. Los buenos amigos no son así. Por lo general tendemos a pensar de forma más racional cuando se trata de otras personas y no de nosotros mismos.

Por ejemplo, Ana se fue a vivir a una nueva ciudad y ahora está preocupada que no le va a ir bien en su nuevo trabajo. Ella tiene una creencia que es incompetente, y ahora teme que va a fracasar en el primer día. Yo le aconsejé que pensara en qué le diría a su amiga Mari si ella tuviera la misma preocupación. Ana conoció a Mari en su trabajo previo, por lo tanto ya sabe cómo es trabajar con ella. Ana lo pensó y dijo que le diría: "Pero Mari, tú siempre llegabas a tu trabajo previo a tiempo y hacías un buen trabajo. ¿No te recuerdas cuántas veces te felicitaba nuestro jefe? ¿No te recuerdas cuántas veces te pedían ayuda nuestros compañeros porque tú eras la única que sabía cómo usar ese programa de computación?" Depués que Ana dijo esto, yo le pregunté: "Por qué eres más razonable y positiva con Mari que contigo misma?" Ella no pudo responder —se dio cuenta de que era mucho más negativa consigo misma que con sus amigas. Poco a poco aprendió a observar su vida mediante los mismos ojos que usaba para observar con amor y apoyo las vidas de sus seres queridos.

Ahora es tu turno. Salte de la situación y háblate como si fueras un amigo. Al observarte de lejos verás que tu realidad rara vez es tan mala como la pintas.

Táctica 6: *Deja el drama* y aplica en el futuro las lecciones aprendidas

Lo siguiente es no dramatizar más. No te conviertas en el rey o en la reina del drama.

Mira a ver qué te está molestando, pero al mismo tiempo pregúntate: "¿Es apropiada la reacción que estoy sintiendo?" En vez de mirar las cosas como si fuesen el fin del mundo y ponerte a llorar o gritar, examina tu reacción a ver qué es lo que puedes aprender de ella.

Por ejemplo, digamos que a María le está molestando el hecho de que su pareja la abandonó y ahora el dinero sólo le alcanza para pagar el alquiler; no le alcanza ni para la luz ni la comida ni nada. Ella sí tiene motivo para preocuparse. Pero no debe sentir que toda su vida es un fracaso. Lo debe tomar como una situación difícil que sí tiene remedio, y de la cual puede aprender. Es una lección para el futuro. Tal vez aprenda que no puede esperar que un hombre sea quien la vaya a cuidar toda la vida. Puede querer al hombre con toda su alma, pero si lo quiere de verdad, no lo va a hacer cargar con toda la responsabilidad de pagar las cuentas y lo demás. O puede ser que fue él quien no la dejó trabajar y ser independiente, y por culpa de eso ahora María se encuentra sola y sin recursos. En cualquier caso, lo importante es *aprender* de las malas experiencias para así utilizarlas para crecer como personas.

EJERCICIO:

Aplica en el futuro las lecciones aprendidas

Siempre es bueno aplicar lo que has aprendido de tu situación actual a situaciones futuras, pues te da otra herramienta para asumir el control de tu vida empezando ahora mismo. Entonces, más vale dejar el drama y preguntarte:

- *¿Qué aprendí de la situación?*
- *¿Qué hago ahora mismo para mejorar mi situación?*
- *¿Qué puedo hacer en el futuro para evitar esta situación de nuevo?*

A mí me encanta hacer este tipo de ejercicio, porque de todas las cosas negativas que nos pueden pasar en la vida, de todos los fracasos o pérdidas, se puede aprender.

Hagámoslo con el ejemplo de María:

Preguntas:	Respuestas posibles:
1. ¿Qué aprendí de la situación?	• No puedo depender de otros para mi seguridad económica. • No puedo hacerlo a él cargar con toda la responsabilidad económica. • No puedo dejar que un hombre no me deje ser independiente, económicamente hablando.

Preguntas:	Respuestas posibles:
2. ¿Qué puedo hacer ahora mismo para mejorar mi situación?	• Puedo buscar trabajo. • Puedo ir a vivir con una amiga o familiares hasta que pueda ahorrar suficiente plata para vivir sola. • Puedo tomar clases de computación o inglés para encontrar un mejor trabajo.
3. ¿Qué puedo hacer para evitar esta situación en el futuro?	• Debo independizarme y tener un salario antes de encontrar una pareja nueva. • Mi próxima pareja tiene que respetar mi deseo de trabajar para ganar mi propio dinero. • Si prefiero no trabajar, necesito tener algo de dinero ahorrado para protegerme en el caso de que esto pase de nuevo.

Una última reflexión

Ahora que te desprendiste de los hechizos, ¿estás listo para cambiar tu forma de pensar? Pensar de forma más positiva no es fácil —requiere trabajo de tu parte porque primero tienes que disminuir tus pensamientos negativos y después embarcarte en el camino hacia la felicidad.

Pero antes de empezar, ¿por qué no reflexionamos un

poco acerca de nuestros problemas? Ahora que estás usando las tácticas para reducir tu estrés y preocupaciones, pregúntate: "¿De verdad vale la pena pensar de esta forma tan negativa en el futuro? ¿Qué gano teniendo estos problemas?"

EJERCICIO:
¿Qué ganas teniendo este obstáculo en tu vida?

Quiero que examines lo que experimentas como obstáculo en tu vida. Puede ser que temas viajar en avión. Puede ser que no hables inglés o que tus relaciones siempre terminen mal porque eres demasiado celoso.

- *¿Cuál es la creencia que te lleva a pensar que tu vida es así? ¿Qué produce estos obstáculos?*
- *¿Ganas algo teniendo estos obstáculos en tu vida?*
- *¿Qué ganarías no teniéndolos?*

Haz una lista de lo que ganas teniéndolos y otra de lo que ganarías si no los tuvieses. Fíjate en cuál lista es más larga. A lo mejor pregúntate:

- *¿Por qué quieres estar triste? ¿Por qué quieres tener esta rabia? ¿Qué estás haciendo para conservarla?*
- *¿Qué ocurriría si te desprendieras de ese obstáculo?*

Ojalá que este ejercicio te haga caer en cuenta que es hora de cambiar tu vida y pensar más positivamente. Quizás en el pasado pensabas que tus preocupaciones te hacían sentir mejor y más en control, pero ahora te has dado cuenta de que en realidad te empeoran la ansiedad. O quizás sabías que no sacabas nada con tener tantos obstáculos, pero no sabías cómo quitártelos. Ahora sí sabes. Con las tácticas que te brindé en este capítulo, puedes empezar a deshacerte de los hechizos y empezar a pensar de forma más positiva.

Capítulo cinco

LOS PENSAMIENTOS POSITIVOS SON CLAVE

PASO 4:
Usa afirmaciones positivas para cambiar tu actitud

Antes que nada, tenemos que tomar control de nuestra vida y felicidad con nuestras actitudes. Nuestro punto de vista es lo que afecta nuestra manera de vivir la vida. Si eres una persona positiva, cuando te dicen que el apartamento que fuiste a ver ya está alquilado, piensas: "Bueno, era bastante caro. Seguro que encontraré un mejor apartamento por menos dinero". Si eres una persona negativa, piensas: "¡Qué desgracia! Nunca voy a encontrar dónde vivir. Todo lo malo me pasa a mí".

Si vas a vencer lo que te ata y liberarte por fin, tienes que pensar de la primera forma, aunque tengas que esforzarte por conseguirlo. Como puse en mi libro *Los 7 pasos para el éxito en el amor,* la escritora Anaïs Nin dijo: "No vemos las cosas tal como son; las vemos tal como somos".

Es cierto. Tu actitud afecta tu forma de ver el mundo. Y tu punto de vista determina cómo el mundo te afecta a ti. Es sumamente importante aprender a manejar tu actitud.

Una de las mejores formas de sentir poder es poniéndote en contacto con tu espíritu por medio de los pensamientos positivos y reconociendo que tú tienes un poder dentro de ti. Te hace sentir que no solamente tienes poder propio, sino que parte de la guía interna, llámale tu Dios, un ángel de la guarda o lo que tú le quieras llamar, la tienes dentro de ti. Además sientes que tú eres parte del poder del universo. Empiezas a confiar en ti mismo, y en tu vida.

Debes repetir esos pensamientos positivos verbalmente o por escrito por lo menos, al principio, diez veces al día, para que de verdad funcione. Porque si te haces una afirmación positiva hoy y la repites el mes que viene, pues es como tomarte una vitamina hoy y la otra el mes que viene. Todos los programas de curación, de mejoría, se tienen que practicar a diario.

La siguiente tabla muestra ejemplos de expresiones negativas y positivas. Las negativas son las creencias que nos van restringiendo y nos van quitando la felicidad. En cambio, las positivas están llenas de recursos. Esas palabras te van abriendo caminos.

Expresiones negativas	Expresiones positivas
No puedo	Sí puedo
Soy inútil	Yo sé muchas cosas
No entiendo	Estoy seguro
Soy débil	Soy dinámico

Estas expresiones resaltan la importancia de pensamientos positivos. Por eso, el cuarto paso para ser más feliz es:

PASO 4: *Usa afirmaciones positivas para cambiar tu actitud*

Las afirmaciones positivas son declaraciones que uno se dice a sí mismo para animarse, empujarse hacia el éxito y para contrarrestar los pensamientos negativos. No tienes que esperar a que vengan esos pensamientos. Debes mirarte a diario en el espejo y decirte:

"Mira qué sonrisa más linda tengo".

O, "Qué bien me van las clases de cocinar. Todo el mundo me celebró la cena anoche".

O, "Por cierto, qué padre tan bueno soy. Mira qué cariñoso y bien educado es mi hijo".

Observa lo positivo en tu vida y celébralo. Las afirmaciones positivas te llevan por el camino de la felicidad. También, como ya dije, puedes usar las afirmaciones para darle freno a los pensamientos negativos. Empieza a usar lo positivo como forma de equilibrar esos pensamientos. Entonces transformarás en tu mente ese paso negativo en uno positivo.

Escribe el diálogo negativo para cambiarlo a uno positivo. Una de las mejores terapias es el acto de escribir. Mientras escribes, tienes que dedicarte a leer las palabras positivas que estás escribiendo. Eso concentra tu mente en lo positivo y acaba de inmediato con lo negativo porque los sentimientos positivos no pueden coexistir con los pensamientos negativos. O sea, que tienes que aceptar por completo una actitud positiva.

Lo otro es fijarte en cualquier cosa positiva que esté ocurriendo en tu vida:

"Estoy respirando. ¡Aaah!"

"Tengo mis dos piernas. Magnífico".

"Todavía tengo a mis hijos".

Busca algo positivo en tu vida. Yo hago eso continuamente. Cuando alguien me llama y me dice que está deprimido, y comenta: "Yo soy la persona más desgraciada del mundo. Nunca he podido terminar nada", empiezo a hacer preguntas para encontrar respuestas. Tarde o temprano descubro logros positivos. Entonces le digo: "¿Ya ves que sí has podido hacer cosas? Has logrado mucho".

Tenemos que cambiar nuestro diálogo interior

Todos llevamos un diálogo interior. Está formado por voces del pasado y por los pensamientos y creencias que hemos acumulado a través de los años. A veces es esa maestra que te dijo: "Eres un genio de las matemáticas". Otras veces es la madre que te dijo: "No, tú no puedes ayudar en la cocina. Te quemarás".

El diálogo negativo es uno de los factores más importantes en los estados de ansiedad. Si te encuentras en estos estados con frecuencia, eso significa que tu diálogo interior es negativo. O sea, que el hechizo de las palabras te está afligiendo.

Según un estudio por tres psicólogos, la gente con más probabilidades de padecer de depresión son los que poseen una tendencia a formar pensamientos negativos muy generales y abstractos. Por ejemplo, piensan, "Soy inútil" en vez de aplicar ese pensamiento a algo más específico.

Es importante que todos analicemos ese diálogo interno que llevamos. Ésa es la base. Identifica cuáles son las cintas negativas de tu mente. Presta atención a lo que te dices cuando sientes ansiedad o estrés. Tienes que analizar de dónde viene el temor. Si sientes que tu pensamiento es muy general y abstracto, trata de enfocarlo en algo más concreto. Lo demás es cambiar el pensamiento a algo positivo. Al reconocer las palabras que nos decimos, podemos empezar a cambiarlas, a cambiar los pensamientos y liberarnos de los hechizos.

EJERCICIO:
Diálogo interior

¿Cómo podemos convertir ese diálogo negativo en uno positivo?

Vamos a hacer una lista. Por un lado, pon las cosas que te dices que son negativas. Si son declaraciones generales o abstractas, eso significa que son tus creencias y no tienen nada que ver con eventos concretos o específicos. Entonces crea una segunda columna donde pones exactamente por qué te sientes así. ¿Qué cosa en específico hizo que te sintieras así?

Cuando termines la segunda columna, trata de ver cómo puedes convertir tu dato de la segunda columna en algo positivo, y entonces escribe esa nueva afirmación positiva en una tercera columna. Por ejemplo, la lista podría ser algo así:

1. Negativo – General	2. Negativo – Específico	3. Positivo
Siempre me equivoco.	Me equivoqué en el examen de historia ayer.	Salí bien en el examen de inglés. Eso significa que no me equivoco en todo.

1. Negativo – General	2. Negativo – Específico	3. Positivo
No sirvo para nada.	No soy buena con las computadoras. No bailo muy bien.	Soy buena cocinera. Soy buena madre.
Qué va, yo no puedo intentar esto. Voy a fallar.	Tengo miedo de aprender cómo nadar.	Si intento, aprendo, aunque no lo logre. Y, ¿quién sabe? Tal vez me sorprenda.
Soy fea.	No me gusta mi nariz.	Todos dicen que tengo lindos ojos y buen cuerpo.
Voy a perder mi trabajo.	La semana pasada no terminé un proyecto a tiempo.	Ayer mismo el jefe me dijo que le gustó el trabajo que hice.
No le caigo bien a nadie.	Algunas personas de mi iglesia no me invitaron a ser parte de su grupo de lectura.	Mis compañeros de trabajo siempre me invitan a compartir con ellos. A mi vecino le gusta pasar a tomar café y hablar conmigo.

1. Negativo – General	2. Negativo – Específico	3. Positivo
Nadie se enamora de mí.	Mis relaciones amorosas han sido cortas.	No voy a encontrar pareja si me quedo encerrado en mi casa. Voy a tomar alguna clase nocturna o iré a la librería una vez por semana.
Soy tonto.	Me cuesta aprender inglés.	Soy lo suficientemente inteligente para estar leyendo este libro y para saber que quiero cambiar mi vida. No creo que sea muy tonto.

Es importante que te hables a ti mismo con ese diálogo interior, despacito, bajito y de una forma en que tú mismo te des calma. Mediante ese diálogo podrás liberarte de una emoción tan potente como la rabia o la ansiedad; podrás deshacerte de muchos sentimientos que mantienen su vigor.

La energía universal: el poder del pensamiento positivo

Acuérdate que el universo es todo energía. Está la energía expansiva y la que te contrae. La expansiva es la positiva, la que atrae las cosas positivas. Es una energía que fluye. Si tú piensas positivamente, esos pensamientos positivos actúan como un imán. Atraen la energía positiva. Por eso es que el pensamiento positivo es tan importante. Nos permite aprovechar la fuerza positiva del universo y ponerla a funcionar en nuestras vidas.

La otra energía —los resentimientos, las dudas, las cosas negativas— te contrae. No atrae lo bueno, sino lo malo. Es una realidad porque tu mente está cerrada. Si crees que no sirves, pues no vas a servir para nada. Si no crees que eres inteligente, pues vas a seguir haciendo las cosas que hacen los estúpidos.

Yo he conocido personas que, por ejemplo, manejan un autobús, y cuando te sientas a hablar con ellos te hablan del arte y de la música. Y les pregunto:

—¿Entonces por qué tienes este trabajo?

—Es que yo no pensaba que podía hacer otra cosa.

Siguen atados a una serie de creencias negativas. Cuando se han desarrollado, han tenido experiencias positivas, pero no se las creen. Entonces, hacer tus sueños realidad no solamente significa observar, sino imaginarte que puedes hacerlos realidad. Tienes que empezar a imaginártelo. "Claro que puedo hacer esto". ¡Imagínate! El resultado será que lo puedes lograr.

Sin embargo, yo he conocido muchachos que han nacido de padres y madres problemáticos y me he preguntado: "Dios mío, ¿cómo estudió este muchacho?", porque la madre era alcohólica y el padre estaba en la cárcel, pero el chico decidió ser abogado. ¿De dónde sacó la energía? ¿Cómo pudo ignorar las palabras negativas que le dieron —me imagino— de mensaje?

Pudieron porque se dijeron: "Yo voy a cambiar. No voy a ser igual que mis padres". Cada ser humano tiene el poder de dar una respuesta diferente. Nuestros pensamientos nos permiten controlar nuestras vidas. Sólo trata de pensar positivamente cuando creas que no puedes y recuerda que puedes. Cuando tratas de hablar inglés y te parece que tu lengua jamás podrá articular los sonidos extraños de ese idioma, recuerda que todo el mundo tiene que dedicar tiempo y esfuerzo a aprender otro idioma. Otros lo han logrado y tú también lo conseguirás. Si tienes que hacer una tarea importante en el trabajo y crees que no la puedes realizar, acuérdate de todos los proyectos que en su momento te parecieron difíciles pero que, cuando los terminaste, tu jefe te dijo lo encantado que estaba con el resultado.

El poder más grande que tenemos es el poder que nos permite decir: ¡Yo sí puedo!

El poder de las palabras

Como ya sabemos, los pensamientos negativos nos generan sentimientos y emociones de ansiedad. Tenemos que cambiar ese diálogo interno que llevamos, de lo negativo a lo positivo, para cambiar nuestro pensamiento.

Hay que hacer el ejercicio de apreciar el lado positivo de tu personalidad. "Siempre he sido muy trabajador. No voy a caer en cama. Yo voy a hacer esto, y voy a hacer esto y voy a hacer lo otro".

Las afirmaciones positivas son magníficas. Pero antes de formularlas, tenemos que haber analizado: "¿Por qué tengo baja la autoestima? ¿Cuál es el pensamiento negativo que me digo?" Porque tú no te puedes parar delante del espejo para hacerte afirmaciones positivas si no sabes lo que te vas a decir.

La afirmación se va a basar en ese diálogo interno tuyo. Hay que identificar el diálogo primero —la declaración negativa— para saber cuál es la afirmación positiva que te vas a decir; para saber cómo vas a convertir el hechizo en afirmación positiva. Porque mi afirmación no es necesariamente la misma que la tuya.

Una vez que ya tenemos identificado el pensamiento y el sentimiento, las afirmaciones te pueden ayudar de manera extraordinaria. Pero si no vas al fondo a ver de dónde vino, lo haces, pero nada más ayuda un poquito.

No estoy diciendo que no lo debes hacer. Siempre es de ayuda. Pero si sólo utilizas una afirmación cualquiera sin tomar en cuenta los sentimientos, las emociones y las creencias que de verdad están en el fondo, es como lavar un auto con problemas mecánicos: puede parecer muy lindo y puede seguir funcionando por un tiempo, pero debajo del capó está fallando. Tarde o temprano se romperá.

Liberándote

La emoción no es el problema. La emoción es el resultado. Y la emoción también es la solución. Siempre que la observemos y la liberemos. Este es gran parte del punto final.

El poder conectar el pensamiento con el sentimiento, y reconocer la emoción que tienes que dejar atrás, eso es lo que te libera realmente. Romper esa prisión de sentimientos y de emociones es lo mejor que te puede ocurrir.

Liberarte realmente es una lección. Es sencillamente el proceso de soltar la energía que te mantiene atado y poder disfrutar de ese flujo de energía amorosa. Ése es el auténtico poder que uno tiene, el amor propio. Cuando empiezas a darte cuenta de eso a través de un descubrimiento propio, ahí es cuando viene la transformación personal. Es como si dijeras: "¡Ay! Ya me salí".

Es natural sentir ansiedad de vez en cuando. Por ejemplo, la primera vez que un hijo sale conduciendo un auto solo, cuando una hija se casa o cuando el médico te dice que estás embarazada. No sentir estrés o ansiedad bajo esas circunstancias sería muy raro.

La vida está llena de situaciones y momentos estresantes que te pueden provocar ansiedad. Pero puedes controlar tu reacción. Puedes usar las tácticas y afirmaciones positivas para frenar los pensamientos negativos, para convertir tu diálogo interior negativo en uno positivo. Puedes, y debes, usar afirmaciones positivas todos los días para darte la fuerza necesaria para enfrentar las situaciones difíciles antes de que sucedan, y para acordarte constantemente de todo lo positivo que existe en tu vida. Aunque no las veas, son esas cosas positivas que ya tienes en tu vida las que te siembran el camino hacia una vida más feliz.

Capítulo seis

EL CONTROL SOBRE TU DIARIO VIVIR

PASO 5:
Toma las riendas de tu vida

Cuando estamos listos para liberarnos y vivir una vida más feliz, significa que ya hemos sobrepasado el punto de reconocer y aceptar. Entonces sólo nos falta tomar control de nuestras vidas y nuestras emociones diarias para poder disfrutar de la vida. En los capítulos anteriores, te demostré cómo tomar control de tu interior: de tus emociones y pensamientos. Ahora te contaré cómo tomar control de tu vida mediante el exterior: manejando tu tiempo, tu respiración, tus metas, tus enfrentamientos y tus finanzas.

Nunca vas a estar "curado" de la ansiedad o del estrés. Pero sí los vas a poder mantener bajo control. Hay recuperación. Hay mejoría. Es igualito que para la persona diabética. Me da mucha pena el que sea diabético. Pero si hace lo correcto, y sigue las instrucciones del doctor, va a vivir mucho tiempo. No se "curará", pero podrá llevar una vida normal. Hasta podrá disfrutar de ella.

Por ende, vencer las ansiedades y el estrés no significa curarse; quiere decir que debilitas el poder que tienen los pensamientos y sentimientos negativos sobre tu vida. Tú eres quien va a tener el control. Por eso, el quinto paso para ser más feliz es:

PASO 5: *Toma las riendas de tu vida*

Ya te he dicho que no puedes cambiar tus circunstancias, pero sí puedes cambiar tu actitud. Quizás no puedes cambiar que hay sólo veinticuatro horas en un día, pero si manejas tu tiempo mejor, puedes controlar tu día y sentirte menos agobiado. O quizás no puedes cambiar el hecho de que están despidiendo a gente en el trabajo, pero sí puedes relajarte un poco con ejercicios de respiración y meditación. O quizás no puedes cambiar el hecho de que tu pareja quiere que su hija de dieciocho siga siendo una niña de ocho años, pero sí puedes intentar hablar con él o ella de forma más productiva. En este capítulo te mostraré varias maneras de sentirte más en control, incluyendo:

1. Maneja tu tiempo mejor

2. Controla tus reacciones con la respiración y meditación

3. Proponte metas

4. Prepárate para situaciones difíciles

5. Vence tu inseguridad económica

1. MANEJA TU TIEMPO MEJOR

Uno de los obstáculos más grandes a la felicidad es sentir que no disponemos de suficiente tiempo para todo lo
que tenemos que hacer: el trabajo, las compras del mercado, organizar la casa, preparar la cena, ayudar a los
niños con las tareas… Y nos quedamos con la lengua
afuera y un cosquilleo en el estómago. Puedes tomar
control de tu vida con tan sólo aprender a manejar tu
tiempo de una manera más eficaz.

Más que nada, la culpa es de nosotros mismos. Le
decimos "sí" a demasiadas tareas y establecemos expectativas altas de todo lo que tenemos que hacer. En primer lugar, estás creando y garantizando que no lo vas a
poder hacer. Si tienes miedo de fracasar, fracasarás. Y
eso te va a dar ansiedad. Te esfuerzas, y tratas, y corres,
y sigues, y das… y eso te acaba. Te hace más vulnerable
al estrés y la ansiedad.

¡Basta! Tienes que reconocer que estás cansado. Tienes que ver que hoy ya no puedes más y que debes des-

cansar. A veces para cargar las pilas, sólo se necesitan diez minutos.

Cuando uno tiene hambre o cansancio o exceso de trabajo, es muy posible que explote. Ya sea con ansiedad, con ira o con un ataque de nervios. Tenemos que conocernos lo suficiente como para decir: "Ya hemos terminado por hoy". Tenemos que aprender a no atiborrarnos de cosas.

La ansiedad te hace vivir en el futuro

Ya te he hablado varias veces de vivir en el momento. ¿Por qué? Porque la mayoría de las preocupaciones y ansiedades que sentimos son una reacción en el presente de algo negativo que anticipamos en el futuro. O sea, vivimos preocupándonos del futuro en vez de saboreando el presente.

Tomemos el ejemplo de Santiago. Él va atrasado para ir a buscar a su hija de la escuela porque el metro se atascó entre estaciones. No hay nada que puede hacer porque está en el subterráneo. ¿Cuáles son sus opciones? Puede preocuparse que no va a llegar a tiempo, pero en realidad no saca nada con ponerse ansioso. O puede distraerse y enfocarse en el momento: puede leer su libro o un periódico, puede observar a la otra gente en el metro, puede cerrar los ojos y pensar en un lindo recuerdo o puede estudiar un poco de inglés. Si no puedes controlar la situación, tienes que controlar tus reacciones y enfocarlas hacia pensamientos positivos acerca del presente en vez de preocupaciones por el futuro.

Acuérdate que las emociones son temporales

Me imagino que algo ocurrió la semana pasada que te preocupó. Bueno, ¿ahora estás preocupado por eso? Lo más probable que no. ¿No ves? Las preocupaciones no son permanentes —¡son temporales! Por ejemplo, la semana pasada, José estaba preocupado porque no iba a terminar su proyecto. Por fin lo terminó, aunque un poco tarde, pero ahora ya no se siente preocupado. Ahora que reconoce que sus emociones no duran mucho tiempo, no toma sus preocupaciones tan en serio.

Ahora, si te sientes preocupado todo el tiempo, empieza a escribir tus emociones. Elena pensaba que estaba ansiosa todo el tiempo porque no podía hablar bien el inglés. Cuando estudió su diario de la semana anterior, resultó ser que sólo estuvo preocupada por esto una vez. O sea, que Elena estaba exagerando el estado de sus preocupaciones —no era un estado permanente sino un estado temporal. Si verdaderamente sientes que padeces de ansiedad a cada rato, puede que sea ansiedad generalizada y en ese caso debes consultar a un terapeuta.

Tienes que gozar de la vida

Es importante llevar una vida balanceada para ser feliz, porque todo eso afecta la ansiedad y el estrés. Hay que evitar que el día se nos llene de tareas, y que no apartemos tiempo para descansar y disfrutar.

Una de esas prioridades debería ser jugar y divertirte, por lo menos de vez en cuando. Mira cómo los niños gozan de la vida cuando están jugando. Se les ve la alegría pura. Yo pienso que eso es algo que perdemos, no porque crecemos a ser adultos, sino porque dejamos de jugar. Para conectarte de nuevo con ese sentimiento jubiloso, sólo tienes que dejarte volver a esos días de tu niñez: móntate en un columpio, ponte en el piso con un cachorro y no te preocupes de que se te estruje la ropa. Tira una pelota con un niño sin pensar en las tareas que te faltan por hacer. Si esto no te agrada, piensa en cómo te gusta gozar de la vida. ¿Te gusta bailar? No tienes que ir a una discoteca para bailar —¡puedes cerrar tus persianas y bailar en tu propio cuarto! O quizás te guste charlar con un amigo por teléfono pero nunca tienes tiempo. Bueno, pues olvídate de organizar la casa y llama a tu amigo por unos minutos. Sea lo que sea, tienes que encontrar un poco de tiempo para ti mismo —tiempo para disfrutar.

El tiempo es oro

Una de las razones por las que no nos alcanza el tiempo es porque nosotros no cuidamos el tiempo que tenemos a nuestra disposición. Todos los días empiezan igual, con veinticuatro horas, ni más ni menos. Pero en vez de considerar el tiempo como algo precioso, dejamos que se nos escape de las manos.

La mayoría de nosotros no sabemos en qué gastamos

nuestro tiempo ni cuánto tiempo requieren realmente las cosas que tenemos que hacer. Si quieres bajarte el estrés y la ansiedad ahora mismo, empieza con darte más tiempo. Para eso hay que saber en qué empleas el tiempo que tienes disponible.

Haz una lista de actividades, de todo lo que haces en el día. Empieza a llevar un diario contigo, en el que vas a anotar en qué pasas el tiempo. Quiero que seas lo más preciso y conciso posible. Durante una semana, apunta todo lo que haces desde que te levantas hasta que te acuestas, en intervalos de quince minutos. Con este diario, puede que descubras varias cosas:

Pierdes tiempo en boberías. Haciendo tu lista de actividades, vas a ver cuánto tiempo tardas en arreglarte por la mañana, y cuánto se te va en preparar la cena, lavar los platos y darle de comer al perro. Todo eso es necesario. Pero también te darás cuenta que pasaste cuatro horas sin hacer nada delante del televisor. Por ejemplo, cuando Rosa escribió su lista de actividades, se dio cuenta que ella iba al mercado tres o cuatro veces por semana porque la primera vez, la segunda o la tercera se le olvidaba comprar algo. Claro que si hubiera hecho una lista antes de hacer el primer viaje, se hubiese ahorrado el tiempo que tardó en ir al mercado, estacionar el auto, encontrar los productos que no compró la vez anterior, hacer la cola para pagar, regresar al auto y volver a casa. Por lo general le tomaba una hora y media cada vez que salía a hacer compras (incluyendo el viaje). Entonces multiplicó eso por todos los viajes adicionales y calculó que hubiera ahorrado por lo menos tres horas por semana organizándose mejor y yendo al mercado una sola vez.

Algunas cosas tardan más de lo que crees. Pedro tiene que estar en el trabajo todos los días a las 9 A.M. en punto, pero descubrió que siempre llega tarde porque no reserva suficiente tiempo para llegar a la hora debida. Suele salir de la casa a las 8:45 A.M., pero en realidad se demora media hora en llegar al trabajo. A él le daba mucho estrés llegar tarde y a su jefe tampoco le gustaba, pero seguía haciéndolo hasta que se dio cuenta de que lo único que tenía que hacer para llegar a tiempo y estar menos estresado, era salir de la casa a las 8:30 A.M. a más tardar. Si el estar atrasados nos da estrés, tenemos que calcular más eficazmente el tiempo que nos demoramos en hacer algo.

Haces mucho más de lo que te imaginabas. Aunque sientes que no logras nada en tu día y siempre piensas, "¿A dónde se me escapó el tiempo?", si escribes todo lo que haces en el día, ¡podrías darte cuenta de que en realidad logras muchas cosas! Cuando Cecilia apuntó todo lo que hace en el día, se dio cuenta que era cierto que andaba corriendo de un lado al otro, pero al fin y al cabo, llevaba a sus hijos a la escuela, hacía las compras de la casa, trabajaba un día completo, pagaba las cuentas y cocinaba para su familia. Es bastante, ¿no es cierto? Aunque pierdas tiempo en algunas boberías y andes atrasado de vez en cuando, igual sí logras mucho durante el día.

Duermes demasiado. ¿Es necesario dormir nueve horas diarias? Quizás por eso sientes que nunca tienes suficiente tiempo durante el día. Es verdad que necesitamos dormir y descansar para estar más felices y relajados, pero si lo llevamos al otro extremo, no vamos a poder hacer todo lo que necesitamos hacer en un día. Si duermes más de ocho horas diarias, te recomiendo que lo acortes un poco para que puedas tener más tiempo en el día. Si no puedes reducir las horas de sueño, debes investigar la causa con un doctor.

Un presupuesto para el tiempo

Ahora que sabes en qué se te va el tiempo, puedes hacerte un presupuesto de tiempo. Es igual que un presupuesto de finanzas. Empiezas con tanto. Cierta cantidad se te va en lo necesario: en el trabajo, en bañarte, en comer, dormir, limpiar la casa, etc. Pero con lo que sobra puedes hacer lo que quieras. Puedes estudiar inglés, leer libros, hacer ejercicios, relajarte o lo que sea. Y si no sobra tiempo para disfrutar, hazte un poco de tiempo para ti mismo, porque si pasas el día entero haciendo cosas para el resto del mundo, será imposible sentirte a gusto. Muchas veces, el solo hecho de ver que tenemos tiempo de sobra nos quita un poco de ansiedad. Si después utilizas un poco de ese tiempo para caminar de la mano con tu pareja, para meditar o para estudiar algo que mejora tus posibilidades de progresar en tu carrera, vas a sentirte más feliz.

Debes empezar cada día con tu lista de prioridades,

pero sin hacer una lista de veinte cosas, sino de tres. Piensa por un momento: "¿Cuáles son las tres cosas más importantes que debo lograr hoy?" Claro que haces más de tres cosas al día, pero para simplificar tu vida y disminuir tu estrés tienes que enfocarte en las prioridades.

Cómo encontrar más tiempo

Es cierto que cada día tiene sólo veinticuatro horas, pero algunos sabemos cómo aprovecharlas mejor que otros. Somos conscientes de que hay que aprovechar al máximo cada minuto.

Casi todos tenemos que trabajar o estudiar y, por supuesto, pasamos tiempo yendo y viniendo del trabajo o la escuela. ¿Debemos dedicar ese tiempo estrictamente a viajar, o podemos aprovecharlo para otras cosas? Si tomas un tren o autobús, ¿eso te da oportunidad de leer o de escuchar un CD para instruirte?

Hay muchas oportunidades en el día para aprovechar mejor de los minutos que disponemos. Adonde quiera que vayas, lleva contigo lo que necesitas para hacer otras tareas. Lleva papel, la chequera, el libro de los estudios, lo que sea. En inglés esto se llama *multitasking* o hacer "multi-tareas" a la vez.

Cada vez que dispongas de cinco minutos —durante un receso en el trabajo, esperando el autobús o en la sala de espera del médico— puedes pagar una factura, escribir una carta, estudiar para el examen que tienes el viernes o practicar un ejercicio de respiración.

Aprende a decir que no

Tenemos que aprender a poner pautas en nuestras vidas y saber decirle "no" a las interrupciones. No al teléfono. No a todo lo que vaya a quitarte tiempo que estás aprovechando para ti mismo. Ese tiempo que vas a utilizar para relajarte, meditar, estudiar —lo que quieras— tiene que ser una prioridad. A cualquier cosa o persona que vaya interferir con ese tiempo, tienes que decirle: "No".

A mí me cuesta muchísimo trabajo decirlo. Tal vez a ti también. Pero tengo una estrategia que utilizo y puede que te sirva a ti también. Sobre todo si eres ese tipo de persona que nunca dice que no, porque por esta misma razón a ti siempre te van a llamar con favores. Bueno, cuando te pidan que hagas algo por ellos, les dices: "Tengo que revisar mi agenda. Estoy tan ocupado que hasta tengo que revisar la mía y la de mi trabajo para poder contestarte".

No tienes que decirle "sí" a todo el mundo. Tal como tienes que ser un poco egoísta y hacer algunas cosas cada día para disfrutar, también tienes que aprender a decir "no" para poder tener más control sobre tu tiempo. Si tienes un amigo que te llama todos los días con el mismo problema y permaneces en el teléfono con él por una hora, la próxima vez que te llame sólo habla con él por quince minutos, o dile: "Ahora no puedo hablar contigo". Así te darás más tiempo a ti mismo.

2. CONTROLA TUS REACCIONES CON LA RESPIRACIÓN Y LA MEDITACIÓN

Cuando estamos preocupados, debemos verlo como si se tratara de la luz amarilla del semáforo, que te avisa que viene la luz roja. Hay que pisar el freno, ahora mismo.

Una vez que empieces a sentir señales de ansiedad, ¡ya está! Es como una luz de alerta que se enciende. Lo único que puedes hacer es aprender a controlar tu reacción por medio de ejercicios respiratorios, la meditación, la visualización y, en casos extremos, por medio del hipnotismo.

Por eso lo mejor es estar siempre en alerta, listo para responder en el momento en que ves que te está empezando a subir la ansiedad. Mejor aún es poder reconocer las situaciones que te causan esa reacción y prepararte para enfrentarlas antes de que te consuma el nerviosismo.

La realidad es que sea cual sea la base —genética, adquirida o una combinación de ambas—, hay formas de controlar esos estados negativos para que puedas sentirte seguro de que son manejables. La meditación y la respiración son dos de las mejores formas de reducir la ansiedad.

Para hacer los ejercicios de respiración y meditación, tienes que estar 100 por ciento consciente para poder permanecer en un estado de identidad total. No puedes tratar de determinar cómo cambiar tu vida mientras estás viendo televisión, o leyendo un libro. Debes estar completamente concentrado.

Respiración

Los ejercicios de respiración profunda son excelentes para controlar la ansiedad en el momento en que está ocurriendo. Siempre y cuando se haga bien, despacio, cuando uno está concentrado en la inhalación y la exhalación, es imposible pensar en nada más.

Si lo practicas con frecuencia, varias veces al día, todos los días, se te convierte en una actividad totalmente automática. Te ayuda a darte más tranquilidad todos los días. Y, si durante el día te encuentras en una situación estresante o sientes ansiedad, empieza a respirar profundo automáticamente. En cualquier momento en que sientas el más mínimo nerviosismo, respira. No hay nada mejor. Esta actividad de respirar le avisa al cerebro que todo está bien, que la crisis pasó.

Lo primero es detener la reacción fisiológica. No puedes hacer este ejercicio y sentir ansiedad al mismo tiempo. No es posible. La ansiedad va ligada a una respuesta fisiológica que ya conoces: se te tensa el cuerpo, el corazón late apresuradamente y la respiración se acelera. Cuanta más ansiedad, más se acrecientan las reacciones en un círculo vicioso.

Si haces el ejercicio de respiración profunda, rompes la cadena de reacciones fisiológicas. La inhalación no puede aumentar de velocidad: son respiraciones profundas, repetidas, lentas. Así las palpitaciones disminuyen y el cuerpo se relaja.

¿Cómo se hace?

- Cierra los ojos (obviamente, si estás manejando, estaciona el automóvil primero).

- Inhala hasta el punto de sentir que la barriga se te llena. Despacio. Cuenta mientras respiras hacia adentro: un millón, dos millones, tres millones, cuatro millones, y así, sucesivamente hasta que llegas a veinte.

- Demórate un poco más expulsando el aire. Cuando vayas a exhalar, llega a veinticinco.

- Cuando estás haciéndolo y concentrándote en esa actividad, no cabe nada más en tu mente. No puedes tener ningún estado de ansiedad.

- Hazlo cuantas veces quieras, pero por lo menos hasta que te sientas tranquilo.

Entonces, supongamos que llegas al trabajo una mañana y te das cuenta de que dejaste en casa el informe que te pidió tu jefe. En ese momento la mente da rienda suelta a todos esos pensamientos negativos: me van a despedir, me quedaré sin trabajo, voy a perder la casa... ¡Detente!

Si has estado haciendo los ejercicios respiratorios todos los días, cuatro y cinco veces al día, te vendrá ya de inmediato: "Voy a respirar". Empiezas a concentrarte en la respiración, y ¡ya está! Se acaba el ataque.

Cuando respires, concéntrate en la respiración. Cuando uno respira así, por lo general no pueden venir otros pensamientos. Lo puedes hacer varias veces al día y ése puede ser el punto que te lleve a la meditación. Practícalo en la casa, en el trabajo, meditando. Verás que te sentirás mejor.

Meditación y visualización

La meditación es lo esencial para comenzar a callar y aclarar la mente. Es algo básico. Hay varias formas de hacerlo. Puedes empezar, como dije, con la respiración profunda, por sesenta segundos. Después lo amplías a dos minutos, y cuatro, y así, según el tiempo disponible y el deseo. Ya después puede venir la meditación de veinticinco minutos o de más.

Tú decides cuánto tiempo puedes, o quieres, dedicarle a la meditación. Puede ser veinticinco minutos, una hora, o más. No importa lo que dure. Lo importante es vaciarte la mente. La meditación no significa concentrarte en algo, sino pensar en nada. Por eso sugiero que te enfoques en la respiración, en la inhalación y la exhalación —así callarás los pensamientos y te envolverás en serenidad. Puedes cerrar los ojos y enfocarte en tu respiración o, si quieres, puedes dejar los ojos abiertos y mirar a un objeto.

Puedes meditar acostado, o sentado con los pies en el suelo y la palma de las manos hacia arriba. Debes asumir la postura más cómoda posible para tus músculos y tus huesos. No te preocupes si te quedas dormido mientras meditas. Eso quiere decir que tu alma necesitaba paz. Puedes encontrar mucha tranquilidad y muchas respuestas en esa sesión de meditación.

Puedes, inclusive, poner cintas de relajación o música suave. Todo lo que te lleve a ese lugar de serenidad donde puedas vaciar tu mente y dejar que la energía positiva fluya hacia tu interior.

Por supuesto, es muy bueno grabar tu voz, diciendo afirmaciones positivas. Igualito que a los bebés, cuando les cantamos canciones de cuna. Es hacerlo para nosotros mismos, diciéndonos: "Ahora voy a escuchar esta canción tan linda. Yo sé que me va a hacer sentir mejor. Me va a traer tranquilidad. Ahora voy a seguir la respiración. Voy a seguir mi meditación".

Pero, ¡ojo! Ni se te ocurra escuchar esas cintas de relajación manejando. Lo puedes hacer en la casa antes de salir. Lo puedes hacer en el autobús. Lo puedes hacer en el metro. En el auto, si estás manejando, es un peligro. Te puedes quedar dormido. Entonces no estarás encontrando tranquilidad, sino una cama en el hospital, o peor.

También recomiendo la aromaterapia y la música. La música nos pone en contacto con nuestro ritmo interno. El olor de las velas, de los inciensos, nos ayuda también a relajarnos. Todo lo que tenga que ver con aromaterapia te puede ayudar. Busca distintos olores para encontrar el que más te guste. Enciende velas distintas en diferentes días de la semana. No tienen que ser siempre las mismas.

Otro ejercicio que puede beneficiarte es la visualización. En el Capítulo 3 te hablé de la visualización de un evento en el futuro, y ahora te explicaré cómo visualizar un evento positivo del pasado también nos puede hacer más felices. Encuentra un lugar —tu patio o un cuarto—

y siéntate en silencio. Mira a tu alrededor. Entonces, cierra los ojos y recuerda todo lo que viste en una experiencia o un lugar del pasado que te hizo sumamente feliz. Puede ser la playa, una comida con amigos, tu país. Trata de acordarte de todos los detalles de ese lugar u ocasión. Notarás un baño de felicidad que te arropará con esta fantasía del pasado.

3. PROPONTE METAS

Hay veces en que un pensamiento pasajero tal vez no produzca necesariamente un resultado. Pero cuando lo pensamos, lo sentimos y lo expresamos verbalmente, entonces empieza a dar resultado. Poniéndolo por escrito y proponiéndote una meta le aumenta aún más la fuerza.

Tuve una experiencia linda en un viaje que hice para una conferencia en Los Ángeles. Los organizadores prepararon una comida grandísima, para unas cuatrocientas personas. Y, sin yo saberlo antes, un muchacho me dijo:

—Yo quiero darle el anillo de compromiso a mi novia aquí, frente a usted, porque usted ha sido muy especial para ella.

Cuando se lo dio, la muchacha era llora que llora que llora. Y me dijo:

—Usted no sabe por qué lloro tanto.

—Bueno —le dije—, me imagino que es porque la sortija es muy bonita, y que estás emocionada.

Ella me contestó:

—No. Es que antes de escuchar el programa suyo y de leer su libro *Los 7 pasos para el éxito en el amor,* yo realmente no creía que podía tener una relación normal. Yo había tenido muchas relaciones malas y creía que yo era la culpable. Pero recuerdo que usted dijo que escribiera en un papelito el tipo de hombre que yo quería, y todos los valores que yo quería que él tuviera. Lo escribí, y a las tres semanas lo conocí. Y él es todo lo que yo escribí.

Al escribir su meta, esa muchacha logró alcanzarla. Ahora recordemos el ejemplo de Pamela, que se preocupaba porque Jorge no la había llamado y como resultado había llegado a pensar que nunca iba a conocer a su verdadero amor. En vez de pensar así, ella debe proponerse una meta de que va a conocer a alguien en los próximos tres meses. Después puede anotar todas las cosas que puede hacer para llegar a realizar su meta: salir a más fiestas, ponerse en los foros de chat en el Internet y pedirle a sus amigas que le presenten a los amigos de sus novios. Ahora que ella ha anotado sus próximos pasos, conocer a alguien no parece tan difícil, ¿no es cierto?

Cuando te propones metas, te das un propósito. Cuando trabajas para lograr esa meta, te sientes productivo porque estás haciendo algo para mejorar tu situación. Te trae felicidad.

4. PREPÁRATE PARA LAS
SITUACIONES DIFÍCILES

Para que veas cómo miras tu mundo, párate frente a un espejo. Es algo que debes hacer todos los días, especialmente si vas a afrontar una situación difícil.

Vamos a decir que tienes que enfrentar a tu marido o a tu esposa en una situación desagradable. Entonces, párate delante de un espejo. Y di lo que le vas a decir a esa persona aunque sientas temor, porque no sabes si te va a rechazar, se va a ir por la puerta, o lo que sea. Si practicas lo que vas a decir varias veces, te ayudará a tomar control de la situación. Al escuchar tus palabras, vas a ver cuál es la mejor forma de enfrentar a tu pareja y cómo mantenerte tranquilo, y así te preparas para lo que te pueda decir.

Vas a mirarte en el espejo y vas a examinar tus movimientos, tu postura, tus gestos, la expresión de tu cara. Entonces pregúntate: "¿Por qué no puedo enfrentarme a este obstáculo?" Míralo como si lo vieras por primera vez. Escribe lo que estás sintiendo.

Cómo te sientes es probablemente más importante que lo que piensas o ves. Porque el sentimiento es el que te lleva a esa reacción. ¿Cómo te sientes delante de ese espejo, mirando tus movimientos?

Por ejemplo, Teresita tiene quince años y quiere ir a dormir a la casa de su mejor amiga para su cumpleaños. Sus padres, Teresa y Arturo, no están de acuerdo en si debería ir o no. Por lo general, Teresa se pone nerviosa cuando tiene que confrontar a su marido, y por lo tanto evita hacerlo y se frustra aún más con él. Pero esta vez decidió practicar frente al espejo: "Arturo, quiero que Teresita vaya a la casa de su amiga. Ella tiene quince años y a todas sus amigas les dan permiso para ir". Lo repitió varias veces hasta que le salió con confianza en vez de tartamudeado. Luego anticipó todas las respuestas que Arturo le pudiera dar y encontró la manera de defender sus razones sin alterarse. Si Arturo dice, "Queda muy lejos", Teresa ya tiene un plan: "Yo la llevo con su amiga Rosita, y la mamá de Rosita las puede recoger mañana". Si Arturo dice, "Tiene que estudiar", Teresa ya le tiene una respuesta preparada. Al prepararse para esta situación difícil, Teresa va abandonando el miedo.

5. VENCE TU INSEGURIDAD ECONÓMICA

Mucha gente piensa que el dinero siembra el camino hacia la felicidad, pero no es cierto. Según estudios realizados por Edward Diener, un pionero en el estudio de la psicología positiva, y otro estudio realizado por la prestigiosa Universidad de Berkeley, cuando tienes lo básico, no hay una conexión entre cuánto dinero tienes y cuán feliz eres. Tienes que distinguir entre el deseo de tener más dinero y la necesidad de tomar control sobre tus finanzas: tomar control de las finanzas sí te hará más feliz, pero el mero hecho de tener más dinero no te hará más feliz.

Toma control de tus finanzas

Ahora hablemos del control de nuestras finanzas. Podemos sentirnos estresados con respecto al dinero si no tenemos dinero suficiente para llegar a fin de mes, o para mandar a un hijo a estudiar, o cuando se nos presenta un imprevisto o nos quedamos sin trabajo y no sabemos cómo vamos a pagar la casa. Una excelente manera de corregir estas situaciones que nos producen estrés es asumir el control de nuestras finanzas personales. En mi libro *Los 7 pasos para el éxito en la vida,* uno de los capítulos trata este tema en detalle.

A grandes rasgos, debes tener una lista de los gastos generales que no puedes cambiar inmediatamente, como:

- el alquiler o la hipoteca
- la mensualidad del auto
- la electricidad, el teléfono/celular
- la comida del supermercado
- las remesas familiares
- y, por supuesto, los pagos de tus tarjetas de crédito, si las tienes

Ahora piensa en gastos que varían cada mes:

- la ropa y zapatos para la familia
- el entretenimiento fuera de la casa (películas, restaurantes, libros y música)

También haz memoria de los gastos pequeños como el café y la merienda. Ve sumándolos día tras día y verás a cuánto asciende el total. No hagas un cálculo en tu mente; escríbelo.

Ahora pon el salario total de la casa encima y réstale todos tus gastos. ¿Cuánto te sobra? O sea, ¿cuánto estás ahorrando cada mes? ¿Cuánto deseas o necesitas ahorrar?

También toma en cuenta algunas reglas importantes. Primero, debes tener por lo menos suficiente dinero guardado para poder mantenerte por seis meses. Segundo, según varios expertos financieros, no debes gastar más de un tercio de tu salario en tu vivienda. Tercero, guarda dinero para ti y tus hijos antes de cuidar al resto del mundo.

Entonces, haz tu presupuesto. Relaciona tus prioridades. Debes ajustarte a tu poder adquisitivo, no a lo que quieres aparentar. Con eso, estás haciendo un plan de acción para controlar tus finanzas y quitarte la inseguridad económica para poder vivir una vida más feliz.

Cómo podemos disminuir nuestras preocupaciones acerca del dinero

Ahora hablemos de nuestras emociones con respecto al dinero. Tal como tienes un plan de acción para tus preocupaciones en general, también puedes hacer lo mismo para tus preocupaciones con el dinero:

1. **Identifica lo que te preocupa.** Tienes que determinar si es una preocupación válida, como "no tengo

suficiente dinero para pagar el alquiler", o si es una ansiedad más general, como "si me preocupo por el dinero, voy a estar más en control" o "si tengo más dinero, seré más feliz".

2. **Admite que tienes estas preocupaciones.** Recuerda que no eres la única persona en el mundo que se preocupa por el dinero. Todos padecemos de estas preocupaciones y podemos usar las tácticas que te brindé en el capítulo anterior para eliminar los agobios. Si es una preocupación razonable, entonces tienes que formular un presupuesto y ver cómo puedes ahorrar más dinero para pagar las cuentas. Pero si no es una preocupación razonable, debes mirar las tácticas que te ofrecí en el capítulo anterior y preguntarte: "¿Cuál es la probabilidad de que mi preocupación se realice? ¿Cómo puedo enfocarme en el problema ahora mismo en vez de pensar tres pasos hacia delante, hacia un futuro catastrófico? ¿Cuántas veces me he preocupado por esto y en realidad nada malo pasó?"

3. **Comprométete a cambiar:** Ahora hazte la promesa que vas a hacer un empeño en vencer tus preocupaciones irracionales acerca del dinero.

PEQUEÑOS CAMBIOS

Ahora comienza a hacer pequeños cambios en tu comportamiento diario, ya sea manejando más efectivamente tu tiempo, tus finanzas o tus reacciones. Por ejemplo, si desde que tu pareja te propuso un divorcio estás llorando veinte horas de las veinticuatro, propónte la meta de llorar nada más que diecinueve.

Planifica hacer cambios específicos, y escribe esos cambios en un diario. No te pongas a hacer diez cambios obsesivamente. ¡No! Pequeños cambios.

"Hoy voy a abrir una cuenta bancaria con diez pesos".

"Hoy voy a buscarme un apartamento más barato porque ya no puedo pagar éste".

"Hoy voy a buscar trabajo".

Pequeños cambios. No te apresures. Cuando se está pasando por un estado de ansiedad no se puede ir de prisa. Hay que andar despacio. No te puedes apresurar, porque es cuando más ansiedad te da.

Recuerda que la recuperación es un proceso. No es algo de momento. Fíjate que yo también he trabajado este proceso en mi vida personal. Cuando mi esposo murió, ya estábamos divorciados. Él se había vuelto a casar. Nosotros habíamos hablado, pero en mí quedaba el sentimiento de que me hacía falta cerrar ese capítulo. Un año después de que él muriera, me fui manejando hasta las montañas de Carolina del Norte al sitio donde habíamos pasado nuestra luna de miel. Porque me lo había prometido con palabras de que ésa era la forma de cerrar ese capítulo de mi vida.

¿Qué pasó? Me sentí mejor y más segura de muchas cosas. Yo creo que es cuando dejamos escapar nuestros pensamientos y sentimientos que ocurre el cambio que nos sana. Es cuando abandonamos las expectativas. Porque nos hemos preparado para la situación difícil, y nos hemos propuesto la meta de enfrentarla. Yo creo que liberar una experiencia del pasado en el presente sirve para sanar el pasado.

Repito que la recuperación no ocurre de un día para otro. Por eso asegura usar los recursos técnicos que te presenté unas tres veces al día; por ejemplo, el de la respiración. Tres veces al día, por lo menos.

Poco a poco, momento a momento, día por día irás mejorando. Eres como un atleta: con cada día que practiques la técnica, más fuerte te pondrás. Hasta los mejores atletas saben que se logra correr largas distancias un paso a la vez.

Tercera Parte:

Comprometerte

~‿~

Capítulo siete

LAS CONEXIONES PERSONALES SON FUNDAMENTALES

PASO 6:
Rodéate de personas positivas

Como el optimismo es contagioso, siempre debes rodearte de personas positivas. Aun más si el que está a tu lado roncando es negativo.

Hay personas que son muy negativas. Son venenosas. Si te asocias con gente negativa o pesimista, no vas a poder salir del proverbial hueco. Hay que reconocer esta situación como un estado depresivo. Y reconocer que la depresión también es contagiosa. Si quieres ser feliz, es preciso que evites a la gente negativa.

Rodéate de personas positivas y comenzarás a ver la vida de una forma diferente. Ponte a hacer algo, participa en algo que te gusta: cocinar, yoga, clases de arte. Lo que te da placer te va a hacer sentir mejor. Y mientras lo hagas con otras personas, mejor. ¡Sal de la cueva! Afirma tu poder interior. Cree en ti. Por todas estas razones, el sexto paso para ser más feliz es:

PASO 6: *Rodéate de personas positivas*

Solo no lo conseguirás

Todos los deportistas profesionales saben que no pueden ganar solos. Cada jugador tiene su papel, tanto el delantero como el goleador de un equipo de fútbol, tanto el lanzador como el receptor de una pelota de béisbol. El entrenador les ayuda a desarrollar sus cualidades y a diseñar las estrategias que los llevarán a la victoria. En el béisbol tienen hasta entrenadores de bateo y de lanzamiento, y entrenadores físicos porque saben que los jugadores tienen necesidades específicas.

En el sector empresarial funciona de manera similar. Existen equipos de venta y equipos de mercadeo, gerentes y contadores. La persona que trabaja en la fábrica de automóviles no es la que los vende.

Tu equipo de familia, amistades y apoyo funciona de la misma forma. No puedes hacerlo todo tú solo. Todo el mundo necesita tener varias relaciones significativas para vivir una vida más feliz, pero en especial si estás padeciendo de estrés o ansiedad.

Familia, amigos y felicidad

No hay nada que contribuya más a la felicidad que tener relaciones personales sólidas. No importa cuánto ganas, ni la casa en que vives, ni tu trabajo ni tu salud. La gente más feliz es la que se rodea de amigos y familiares.

Los seres humanos son animales sociales que viven juntos en grupos familiares y comunidades más grandes. Contar con amigos de confianza y familiares cercanos que se preocupen por uno es un elemento crucial para lograr la felicidad. En un estudio, Edward Diener y un colega suyo, el psicólogo Martin E.P. Seligman, examinaron a la gente más feliz —aquellos que habían obtenido una puntuación entre el 90 y el 100 por ciento en varias pruebas de felicidad— para ver qué tenían en común.

Encontraron que una variable sencilla —las relaciones sociales— distinguía a este grupo de los que obtuvieron la puntuación más baja en la escala de la felicidad. A pesar de que la gente menos feliz tenía muchas relaciones estrechas y de confianza con otras personas, casi todos los del grupo más feliz estaban rodeados de buenos amigos y tenían lazos familiares sólidos.

Esas relaciones sociales, esas redes que formamos, brindan apoyo y ayuda cuando más lo necesitamos. Nos presentan algo nuevo y divertido para que la vida parezca más interesante. Hay varios estudios que demuestran una fuerte conexión entre las relaciones personales que mantienes y la felicidad.

Según datos del Centro Nacional de Investigaciones

de Opinión de la Universidad de Chicago, las personas que tienen cinco o más amigos íntimos (sin contar los familiares) tienen un 50 por ciento más de probabilidad de considerarse "muy felices" que los que tienen menos amigos. Por lo general, según los investigadores, la gente casada es más feliz que la gente soltera. El 40 por ciento de los adultos casados en Estados Unidos se consideran "muy felices", cifra que entre los solteros es del 26 por ciento.

En un estudio realizado por el psicólogo David Myers en Hope College, se llegó a resultados similares: la gente casada es más feliz que la soltera, separada o divorciada. Myers también detectó indicios de un vínculo entre las relaciones íntimas y la salud. Por ejemplo, en otro estudio, sólo el 20 por ciento de los pacientes sometidos a trasplantes de médula ósea que afirmaron haber recibido poco apoyo social estaban vivos dos años más tarde, a diferencia del 54 por ciento que sí contó con un fuerte apoyo.

En la Universidad de Cornell, los investigadores determinaron que tener una relación romántica hace más felices tanto a hombres como a mujeres. Cuanto más fuerte sea la relación, mayor será la felicidad para ambos.

Por lo tanto, tus familiares y amigos se encuentran entre los miembros más importantes de tu grupo de apoyo.

Relaciones con familiares y amigos

¿Cómo puedes formar y mantener relaciones personales sólidas? Depende de ti.

La forma más fácil, por supuesto, es hacer por los demás lo que tú quisieras que ellos hicieran por ti. Los buenos amigos dan todo de corazón. No abruman a los demás insistiendo que les den cabida en su grupo, sino que ofrecen su ayuda y respaldo cuando se necesita.

Si tienes un amigo que ha dejado su auto en el taller y le hace falta que alguien lo acerque a la farmacia, llévalo. Si tu hermana quiere ir al cine de vez en cuando con su esposo pero no tiene quién le cuide los niños, ofrécete a cuidar a los pequeños.

Establece la relación. Dedica tiempo a tus relaciones. Llama a tu madre por teléfono. Invita a tus amigos a cenar en tu casa, o a jugar dominó o cartas. Pídele a una amigo que tenga hijos que los lleve al parque cuando tú lleves a los tuyos.

La amistad no se compra con regalos, se gana con actos bondadosos. Eso no quiere decir que no puedes hacerle un regalo a la gente que quieres. Sin embargo, lo que cuenta es la intención. Si a tu hijo la cuna se le ha quedado pequeña, pregúntale a una amiga embarazada si la quiere antes de echarla a la basura. Los beneficios son innumerables. Tu amiga estará feliz y tu amistad con ella será más sólida, por supuesto. Además, las investigaciones han demostrado que el ayudar a otros y realizar actos bondadosos, tiene un impacto duradero en nuestro nivel de felicidad. Alegrar a los demás te hace sentir feliz. Haces buenos amigos al ser un buen amigo.

Tu red de seguridad

Un grupo de ayuda sirve de red de seguridad. Si nos caemos, ese grupo puede evitar un desastre.

Cuando un niño está aprendiendo a caminar, se sujeta de la mano de la mamá o del papá. No está pidiendo que lo carguen, sino que lo apoyen mientras da sus primeros pasitos. Cuanto más seguro se siente, menos necesita aguantarse de la mano de sus padres.

Para formar un grupo de apoyo, necesitas encontrar personas dispuestas a tomarte de la mano y darte el respaldo que requieres a lo largo del camino. Pueden ser familiares o amigos de confianza. Siempre es necesario tener una conexión.

Algunos grupos de apoyo son informales y otros formales. Los informales son aquellos compuestos por familiares y amigos. Entre los formales se encuentran los grupos organizados por un psicólogo, la iglesia o una organización dedicada a ayudar a personas que sufren de ansiedades o fobias.

Un compromiso

Se recomienda a las personas que sufren de estados de ansiedad que si tienen a alguien importante en su vida, como una pareja, la mamá, el papá o un compañero, que esa persona jamás los critique, o les hagan pasar vergüenza, o les digan: "Tú eres un estúpido".

Tiene que haber un compromiso por parte de esas personas. Tienen que ser positivos. Tienen que ayudarte, que decirte cuando vean que estás perdiendo el control: "Respira. Respira profundo". Tienen que ser como un entrenador que te está ayudando a entrenarte para una pelea. Al igual que entrenan a los boxeadores y les dicen: "Acuérdate, cuando pase esto, usa esta estrategia".

Estos ayudantes tuyos, los que forman tu grupo de apoyo, van a hacer lo mismo para ayudarte a ser más feliz. Te van a decir, "Respira profundo. Vamos a pensar en cosas positivas. Mira lo bien que te ves hoy". Te van a recordar el éxito que tuviste en esto o lo otro.

Es sumamente importante que tengas eso en mente si quieres aprovechar al máximo los consejos de tu grupo de apoyo. Escucha y recibirás respuesta, ánimo y buenos consejos. Si son miembros de un grupo formal, seguramente habrán experimentado cosas parecidas. Sufren de algún tipo de ansiedad o fobia. Mira y aprenderás de sus actos. Es más fácil salir victorioso en equipo que solo.

Formación de tu grupo

¿Quiénes deben formar parte de tu grupo? Los mejores grupos tienen una selección completa de personas que te brindan consejos, respaldo emocional y asistencia para que puedas resolver tus necesidades. Te aconsejo que incluyas a personas diversas con papeles diversos. En específico, el consejero, el colaborador y el alentador.

Gente que debes incluir:

El consejero. Entre ellos, necesitas un consejero. Es una persona sabia que ha tenido experiencias similares a las tuyas o que es un experto, como un psicólogo o psiquiatra, que sabe tratar las ansiedades y fobias. También puede ser un amigo mayor respetable o un familiar. Sus experiencias pueden darte información valiosa sobre la naturaleza humana y la vida.

Es un mentor que actúa como un instructor particular, que te puede aconsejar: "Mira, en realidad esta estrategia que utilizaste no te está dando resultados, vamos a pensar en otra. A mí se me ocurre..." Como el consejero ha recorrido este camino, puede ofrecerte una multitud de posibilidades que te podrán dar resultado.

El colaborador. No todos en tu grupo de apoyo tienen que ser ésos que te ayudan directamente con la ansiedad o las preocupaciones. También necesitas ayudantes, que pueden ser amigos, conocidos o familiares que te brinden asistencia en una o más áreas. Puede ser esa persona —como tu madre o tu abuela— que te cuida a los niños para que puedas trabajar o estudiar, o hacer ejercicio.

Es decir, los colaboradores son esas personas a quienes acudes para obtener conocimiento o ayuda en casi cualquier momento de tu vida; para quitarte los obstáculos y vivir una vida más feliz. Y también te pueden ayudar a hallar y relacionarte con otros recursos; es decir, te pueden presentar a más colaboradores para que tengas más posibilidades, por ejemplo, de encontrar trabajo y dejar atrás esa inseguridad económica.

Entre ellos encontrarás también a aquellos con los que te relacionarás socialmente, y quienes se divertirán contigo. Es una parte crucial de ser feliz. Necesitas disfrutar de la vida. Hay cosas, por supuesto, que querrás hacer solo y para ti solamente, como leer un libro o tomar un largo baño caliente (aunque, en circunstancias perfectas, tomar un baño con alguien puede también ser muy divertido). Sin embargo, hay muchas cosas que se disfrutan mejor en compañía de alguien. A lo mejor quieres bailar solo por toda la casa, pero ir a bailar con un buen compañero o compañera es una de las cosas que más levanta el ánimo. Jugar cartas o dominó con tus amigos es más divertido que jugar al solitario.

Es importante sentirse querido, apoyado y respetado para ser feliz. No es bueno sentirse solo. Los colaboradores son esas personas cuya misión es llenar esas necesidades.

Creo que el mejor sitio para encontrar esos colaboradores que todos necesitamos es el círculo de familiares, amigos y socios que ya tenemos.

El alentador. También tenemos que incluir a aquellas personas que nos van a dar apoyo emocional. Los alentadores te asisten y te dan aliento. Son los que te dicen:

"Sigue adelante, tú puedes", y cosas similares. Cuando tú ves lluvia, ellos ven el arco iris.

Puede ser ese buen amigo con quien siempre puedes hablar cuando necesitas desahogarte. El que te dice: "Todo va a estar bien". Necesitas eso. Sus pensamientos positivos te ayudarán a parar tus ideas negativas. Sus palabras se convertirán en parte de tu diálogo interior.

A quién evitar:

De la misma manera en que necesitas rodearte de cierta clase de gente, también debes evitar a cierto tipo de personas. En ese grupo figuran las personas visiblemente negativas que, como ya hemos dicho, son tóxicas y deben evitarse como a un veneno.

El chismoso. Esta persona empieza cada conversación con: "No te vas a creer lo que le ha pasado a…" O: "Bueno, tú sabes lo que dicen de ella…" O un sinfín de cosas parecidas. Quizá te parezca que es tu amigo porque está compartiendo contigo toda esa información. Pero, ¿sabes qué? También le está contando a todo el mundo lo que sabe de ti.

El problema principal es que, aunque no lo parezca, esta persona es negativa. Piensa: ¿Cuántas cosas buenas dice de esas otras personas? ¿No es cierto que siempre está contando cosas malas, como que tal y tal están teniendo una aventura amorosa, o que a fulano lo detuvieron por manejar borracho?

Cuando escuchas cosas negativas sobre la gente constantemente, piensas cosas negativas de la gente. Te tornas una persona negativa. Detente. Aléjate del chismoso.

El criticón. Esta persona le encuentra defectos a todo. Y a todos. Nada es de su entera satisfacción. Critica a todos a su alrededor y critica todo lo que hacen. A ti también.

Esta persona es venenosa, no porque te ataca abiertamente sino porque te va destruyendo. Está deteriorando tu confianza constantemente. Lentamente destruye tu autoestima. Es el multiplicador de la ansiedad.

Si estás preocupado de que puedan despedirte de tu trabajo, tener a alguien así a tu lado en la oficina es fatal. Siempre encontrará una falta en todo lo que haces. Si te sientes nervioso porque vas a salir por primera vez con alguien que te gusta, te dirá lo feo que tienes el pelo y lo gordo que te hace ver la ropa que llevas.

Aléjate de este tipo de persona.

El quejón. Esta persona es la que vive quejándose de todo. Nada le parece bien. Nunca. Ya lo conoces bien: si hace un día de sol, se queja del calor. Si el día está nublado, se queja de la humedad. ¡Dios nos ampare si llueve! Si le toca la lotería, ¡se quejará de los impuestos que tiene que pagar!

Tiene una visión negativa del mundo y de todo lo que hay en él. Puede estar deprimido. Sea cual sea la razón, no te hace falta que sus pensamientos negativos contaminen tu mente. Esos pensamientos bloquean los positivos. Afectan el diálogo interior que quieres tener contigo mismo.

Los alcohólicos que quieren dejar de beber deben apartarse de la gente que bebe. La gente que siente estrés o ansiedad debe alejarse de las personas negativas.

Terapia y los grupos de apoyo formal

Si estas estrategias no te ayudan, entonces la terapia será la mejor respuesta. La llamada terapia cognitiva y de comportamiento es particularmente efectiva para levantar los ánimos.

Si la ansiedad o las fobias te han llevado a un estado depresivo que abarca ciertos pensamientos suicidas, inclusive no solamente el hecho de decirte: "Me quiero morir", sino de haber visualizado ya cómo quieres morir, entonces es hora de que llames a un psicólogo o una línea de ayuda.

Pero si de lo que estamos hablando es de ansiedad o problemas menos serios, un grupo de apoyo puede brindarte aquello que más necesitas, un círculo de personas que te pueden ayudar a levantarte, que están ahí para escucharte, para ofrecerte las palabras positivas que no te estás dando tú mismo y para recordarte que paso a paso te vas a mejorar.

Puedes encontrar organizaciones en la guía telefónica o por Internet. En el Apéndice B en la página 243, te ofrezco algunos nombres de organizaciones que se encuentran en estados con una gran concentración de latinos que tal vez te puedan ayudar. Si no encuentras un grupo que te quede cerca, ponte en contacto con un grupo que ofrezca el tipo de ayuda que buscas donde quiera que se encuentre. Es muy posible que te puedan recomendar un grupo parecido cerca de ti.

La *Anxiety Disorder Association of America* (la Asocación de los Desórdenes de Ansiedad de los EE.UU.) ofrece una lista extensa de grupos de autoayuda y de respaldo en todos los Estados Unidos y México. Puedes encontrarlos en el Internet en *http://www.adaa.org/ public/selfhelp.cfm,* o puedes llamarlos al 240-485-1001 para que te recomienden un grupo cerca de ti.

Capítulo ocho

LOS PEQUEÑOS CAMBIOS MARCAN LA DIFERENCIA

PASO 7:
Alcanza más felicidad con tu estilo de vida

Ya aprendimos que tener conexiones sociales es el factor externo más importante para alcanzar la felicidad. Pero también hay muchas otras cosas que puedes hacer ahora mismo para levantarte el ánimo. Hay muchas posibilidades, y cada cual encuentra las que mejor funcionan en su propia vida. Seguro que cuantas más adoptes e incorpores a tu vida cotidiana, más tranquilidad, serenidad y felicidad vas a encontrar. Por eso, el séptimo paso para vivir una vida más feliz es:

PASO 7: *Alcanza más felicidad con tu estilo de vida*

En este último capítulo, quiero ofrecerte muchas otras cosas que puedes hacer para ser más feliz. Incluyo cosas que puedes hacer con tu vida y cosas que tienen que ver con cómo cuidas tu cuerpo:

1. Conéctate con tu poder supremo

2. Vence el estrés con el ejercicio

3. Cuida tu cuerpo

4. Aprende algo nuevo

5. Vive una vida con sentido

1. CONÉCTATE CON TU PODER SUPREMO

El espíritu es la fuente de nuestra paz, donde podemos encontrar la serenidad para tranquilizar las ansiedades y los temores, y contrarrestar el estrés. Para alimentar el espíritu, tienes que conectarte con tu poder supremo.

Cuando no lo hacemos, nos sentimos siempre estresados. Nos cuesta trabajo dormir o nos despertamos en estado de pánico. Las relaciones no van bien, ni en la vida personal ni en la profesional. Ése es el resultado de no dedicarle suficiente tiempo a buscar paz y tranquilidad.

Cuando nos conectamos con ese poder superior, nos sentimos satisfechos y así nuestros pensamientos van a volverse positivos. Nuestras emociones van a ser más calmadas y estarán más controladas. Vamos a ser más estables. No vamos a ser tan vulnerables a las situaciones que nos pueden alterar.

El poder supremo

El poder reconocer al ser supremo que te creó es importante. Llámalo como quieras, Dios o una fuerza universal, pero saber que hay algo muy superior a ti te puede dar esperanza para algo mejor.

La fe es la herramienta más importante para moldear y determinar los resultados. Si tenemos una clara convicción de lo que vamos a tener como resultado, y esa inteligencia superior nos respalda, nuestras convicciones se convierten en realidad.

Si no eres religioso, si no crees en un dios supremo, vamos a pensar en una fuente de poder. Estás conectado a ese poder. Si afirmas con toda la certeza del universo que tienes una salud increíble, una relación llena de amor o que terminarás la carrera que deseas, esas cosas se materializarán en tu vida.

El poder de la oración

En un estudio realizado con 393 pacientes de la Unidad de Cuidados Coronarios del Hospital General de San Francisco a fin de evaluar el poder de la oración, los participantes rezaron por pacientes escogidos al azar.

Los resultados no son sorprendentes: los pacientes por los cuales se rezó necesitaron menos resucitación cardiopulmonar y requirieron de menos respiradores artificiales. No necesitaron tantos antibióticos y menos de ellos fallecieron.

En otro estudio efectuado en el Centro Médico de la Universidad de Duke en Carolina del Norte, entre más de 4.000 participantes se concluyó que los que rezaron tenían la presión arterial más baja que los que no lo hicieron. Según el estudio, tenían un 40 por ciento menos probabilidades de padecer de hipertensión.

En un estudio realizado entre personas que se recuperaban de la drogadicción, se halló que los niveles más altos de fe y espiritualidad estaban asociados con varios efectos positivos, entre ellos, una mayor resistencia al estrés. Los resultados del estudio mostraron que un nivel más alto de fe y espiritualidad está relacionado con una mayor capacidad para afrontar problemas y niveles más bajos de ansiedad.

La oración no es sólo para pedirle ayuda a un poder supremo. Parte de la oración es darle gracias a ese poder por lo que la vida te ha brindado, ya sea una cena llena de comida rica o la riqueza de estar rodeado por una familia llena de amor. Si anotas esas cosas por las cuales estás agradecido, no sólo te ayudará a sentirte más feliz sino que, según un estudio hecho en la Universidad de California-Davis, te puede mejorar la salud física, aumentar tus niveles de energía y, en ciertos casos, aliviar el dolor y la fatiga.

Las palabras de Gandhi

Gandhi, el padre de la India, dijo:

"La oración es la llave de la mañana y el cerrojo de la noche... En la oración, es mejor tener un corazón sin palabras que palabras sin corazón".

Tus oraciones vienen del corazón. Son expresiones puras creadas para conectarte con tu poder supremo. A la vez, tienen el efecto de calmar nuestra ansiedad, nuestro estrés y nuestro pánico.

Como dijo Gandhi: "La oración es el único medio de ponerle orden y paz y reposo a nuestras acciones cotidianas. Cuida las cosas vitales y las otras cosas se cuidarán por sí mismas".

La oración no tiene que ser formal. Lo que vale es el pensamiento y no las palabras. Yo rezo al despertarme. Si quieres, coloca un libro o un pasaje inspiracional cerca de la cama para que lo puedas leer apenas abras los ojos. Esto puede llevar a tu mente la oración que tienes en el corazón, aunque no la hayas formado con palabras. Tal como dijo Gandhi, no olvides que "la plegaria no es un entretenimiento ocioso para alguna anciana. Entendida y aplicada adecuadamente, es el instrumento más potente para la acción".

Consejos útiles para la oración

La oración trae más beneficios a tu cuerpo y a tu mente cuando es acumulativa. Es conveniente rezar a diario, aunque creas que no tienes nada por qué rezar.

Reza por otros y también por ti mismo. No se trata de una advertencia para evitar ser egoísta, más bien, la fuerza de tus acciones es demasiado potente para dirigirla solamente a tu interior. Al incluir en tus oraciones a las personas por las que te preocupas, fortaleces los lazos que te unen a ellas.

Trata de no pensar conscientemente. Como en la meditación, deja que los sentimientos fluyan por tu interior. Puede que descubras que tus oraciones se mueven en una dirección muy diferente a la que pensabas que seguirías al comenzar la práctica.

Con el paso del tiempo, cambia la organización y la ubicación de tus oraciones. No necesitas una iglesia, ni una sinagoga ni un templo. La cocina o el patio de tu casa sirven perfectamente.

La búsqueda de la alegría

Muchos buscamos la paz y la felicidad en las cosas externas: en lo material, en las drogas o en el sexo. Es un círculo vicioso: cuanto más adquirimos o consumimos, más vacíos nos sentimos. Darnos la oportunidad de encontrar y experimentar la verdadera alegría nos llena el alma. Nos llena de energía positiva. Es algo diferente para cada persona, y casi todos seguimos la pista equivocada en vez de buscar en el sitio en que la podemos encontrar. ¿Por qué? Hay una anécdota apropiada que relaté en mi libro *Los 7 pasos para el éxito en la vida*. Es la historia de los duendes y la felicidad.

Todos sabemos que los duendes son traviesos. Pues, cuando terminó la creación, los duendes decidieron hacerles un truco a los seres humanos.

—Yo sé —dijo uno—. Vamos a quitarles la felicidad.

A todos les gustó mucho la idea, pero no sabían dónde esconderla. No servía ponerla en la cima de una montaña porque algún día alguien la encontraría. Tampoco en el fondo del mar.

Al fin uno dijo:

—Yo sé dónde la podemos esconder. Dentro de ellos mismos. Van a estar siempre tan ocupados buscando la felicidad fuera de sí, que jamás se les ocurrirá mirar por dentro.

Hoy en día, la mayoría de la gente sigue buscando la felicidad por fuera, y nunca la encuentran.

EJERCICIO:
¿Qué te da alegría?

La felicidad es diferente para todos, porque cada persona es única. Pero al notar lo que te hace sentir alegría, puedes ir reconectándote con la felicidad que llevas en tu interior.

En un papel, anota:

- *¿Qué te hace sentir gozo?*
- *¿Qué te hace feliz?*
- *¿Ver a tus hijos jugar?*
- *¿Observar una preciosa puesta del sol? ¿La luna llena?*
- *¿Meter la cara en la ropa tibia cuando la sacas de la secadora?*
- *¿Quedarte acostado abrazando a tu pareja cuando terminan de hacer el amor?*

Escribe todo lo que te da placer. La lista puede ser tan larga como quieras. Entonces trata de hacerlo todo, todas las veces que puedas.

Calma tu mente

El espíritu es como un pozo lleno de agua que nos alimenta. Cuando el pozo se seca, hay que llenarlo de nuevo.

¿Cómo se llena? Tenemos que calmarnos la mente. Nuestro espíritu se colma de tranquilidad y paz sólo si lo alimentamos *con* momentos de tranquilidad y paz.

La meditación, la visualización, el caminar en un bonito parque… todas son actividades magníficas. Casi todos trabajamos en oficinas cerradas, apartados de la naturaleza. Al ponerte en contacto con la naturaleza, recobras esa energía que vibra en el mundo.

No siempre lo tienes que hacer solo. Puedes salir a pasear con tu pareja, y andar juntos en silencio, compartiendo el momento y llenándose los dos de amor.

2. VENCE EL ESTRÉS CON EL EJERCICIO

La mayoría de nosotros casi no hacemos ejercicio. Siempre estamos de corre y corre, pero casi siempre estamos sentados cuando lo estamos haciendo: vamos a toda prisa a llevar a los niños a la escuela, a pasar por el mercado, a llevar a mamá al médico… detrás del timón del auto. En el trabajo, el jefe quiere esto, quiere lo otro, se trabó la copiadora, el teléfono no deja de sonar… todo mientras estamos sentados en un escritorio. Llegamos a la casa y nos pasamos unas horas tratando de recuperarnos, sentados frente al televisor.

Nuestro cuerpo se empieza a deteriorar. Y, desafortunadamente, las consecuencias del estrés siguen circulando por el organismo y tienen el potencial de causar enfermedades físicas. Por ejemplo, el cortisol, una hormona que el cuerpo libera durante la reacción ante un peligro que nos permite decidir si "pelear o escapar", tiene un impacto negativo en el sistema inmunológico y nos hace más vulnerables a las enfermedades.

Si no encontramos formas de reducir o liberar el estrés, eso nos va afectando la salud. Hacer ejercicios con regularidad ayuda a eliminar las consecuencias de la reacción al estrés.

Los beneficios del ejercicio

Se ha demostrado que el ejercicio constituye un tratamiento muy eficaz para luchar contra el estrés y sentirnos más felices. Fortalece el corazón, que es el órgano que lleva el peso de la reacción fisiológica del organismo ante el estrés.

El ejercicio también eleva el nivel de ciertos neurotransmisores del cerebro que producen un mejor estado de ánimo, relajan la tensión muscular, reducen la dificultad para conciliar el sueño y disminuyen el nivel del cortisol, la hormona del estrés. Aquí te especifico los beneficios del ejercicio:

Endorfinas. Se ha demostrado que las endorfinas aumentan durante la actividad física realizada por un intervalo de veinte minutos o más. Se ha determinado que estas sustancias parecidas a la morfina, y similarmente a los compuestos de opio, producen un efecto en el cerebro que calma los dolores y promueve la euforia.

Reducción de la tensión muscular. Durante un ataque de estrés, los músculos se contraen y pierden su estado normal de descanso. La actividad física pone los músculos en acción, liberando energía y permitiendo que los grupos musculares funcionen normalmente. El estiramiento y la yoga también son eficaces para reducir la tensión muscular.

Aumento de la autoestima. Una rutina regular de ejercicio puede darle a mucha gente una sensación de logro a la vez que eleva la autoestima. Con frecuencia produce cambios físicos visibles en el cuerpo que pueden mejorar la imagen física, con un consecuente aumento de la confianza en sí.

Liberación de la ira y la hostilidad. La manifestación o represión de la ira y la hostilidad forma parte del progreso de las enfermedades. Realizado adecuadamente, el ejercicio puede ser una forma socialmente aceptable de liberar la energía negativa. Desvanece los sentimientos de ira de una manera saludable.

Distracción positiva. La actividad física ayuda a desviar la atención del estrés y los problemas. Ayuda a dirigir la atención a pensamientos más agradables o por lo menos neutrales. El simple hecho de salir a caminar o montar bicicleta puede servir para distraernos del estrés.

Meditación móvil. Ciertos tipos de ejercicio, como correr, nadar, esquiar, montar en bicicleta o caminar rápidamente, requieren de un movimiento constante y repetitivo que puede alterar el estado consciente. En algunas tradiciones orientales se describe este fenómeno como una "meditación móvil". Los efectos fisiológicos son muy similares a lo que sucede durante la meditación. La respiración y el movimiento actúan como una especie de mantra, que reduce drásticamente el nivel de estrés.

Lucha contra la ansiedad. Varios estudios han demostrado que el ejercicio diario tiene un "efecto tranquilizante" que baja la ansiedad. La mayoría de la gente verá que de cinco a treinta minutos después de terminar, se sentirán con menos ansiedad que antes de empezar. Se ha demostrado que el efecto es mayor que el de los medicamentos calmantes.

La relajación inducida por el ejercicio dura solamente unas cuatro horas. Por eso, si padeces de ansiedad crónica, tendrás que hacer ejercicio todos los días para sentir el efecto. Si sientes ansiedad durante el día, quizá como resultado del estrés que te provoca tu trabajo, te recomiendo hacer ejercicio al levantarte en la mañana.

En algunos estudios se recomienda que el ejercicio debe ser bastante intenso para que produzca el efecto tranquilizante con mayor efectividad. Otros investigadores han hallado que los ejercicios moderados, como caminar o nadar, reducen la ansiedad con la misma eficacia.

Un plan de ejercicio

El ejercicio tiene que ser una prioridad en tu vida.

Hacer ejercicio es un compromiso que tienes que

hacer contigo mismo, y debes darle tanta importancia en tu rutina diaria como a todo lo demás. Debes hacer una cita contigo mismo para hacer algo físico.

Por supuesto, antes de empezar a hacer ejercicio debes consultar con un médico. Y debes comenzar poco a poco. Poco a poco se consigue más. A continuación te propongo varias ideas para crear un plan de ejercicio que te ayudará a controlar el estrés:

Escoge lo que más te guste. Lo más importante es escoger una actividad que te guste. Cuanto más te diviertas, más probabilidades hay de que no dejes de hacer ejercicio.

Debe ser algo que puedas acomodar con realismo en tu rutina diaria. El ejercicio específico que elijas no es tan importante como la constancia con que lo realices. Por lo general, se recomienda un mínimo de veinte minutos de ejercicio fuerte por lo menos tres veces por semana.

Si tratas de convencerte de que debes hacer un ejercicio que para ti es una tortura, tendrás más probabilidades de dejarlo. Hacer algo que consideras negativo solamente aumentará tu nivel de estrés. Busca algo que te gusta —nadar, caminar, patinar, hacer yoga, lo que sea— y realízalo con constancia.

Escoge una actividad que se ajuste a tu vida. Si eres ama de casa con niños pequeños, por ejemplo, ir al gimnasio una hora varias veces por semana puede ser imposible. Por eso, busca algo que puedas hacer en casa.

Hay muchos videos que te enseñan a hacer ejercicio

en la sala de tu casa. Lo único que tienes que hacer es seguir la rutina que ves. Sin embargo, si trabajas cerca de un gimnasio, podrías inscribirte y hacer ejercicio antes o después del trabajo, o durante la hora de almuerzo.

No seas competitivo. Para alguna gente, ganar puede convertirse en la parte esencial de cualquier actividad deportiva. El problema es que a veces pierden y eso reduce la autoestima y aumenta la depresión. Un individuo con una personalidad muy competitiva tratará de correr cada vez más rápido. Eso no ayuda mucho a reducir el estrés.

Busca a un compañero de ejercicio. Hacer ejercicio con otra persona puede ser una forma fantástica de motivarte. Tendrás mucho menos probabilidades de faltar a una sesión de ejercicio si sabes que tu compañero te está esperando. Y tú y tu compañero podrán animarse mutuamente. Diles a tus familiares y amigos que estás haciendo ejercicio para que te den ánimo.

Tipos de ejercicios

Puede ser caminar, bailar, nadar, jugar algún deporte de equipo, hacer yoga o la actividad que más te guste, pero tiene que ser un compromiso que no se rompa.

Caminar. Caminar es uno de los mejores ejercicios que puedes hacer. Es también uno de los más seguros en lo referente a la posibilidad de lesionarse. Hazlo regularmente, a paso rápido.

Lo puedes hacer a solas o con un compañero. Con cada paso mejorarás tu sistema cardiovascular. Se han hecho estudios que demuestran que caminar con regularidad puede ayudar a retrasar y posiblemente evitar la diabetes en ciertas personas. Hasta caminar diez minutos a poca velocidad puede tener efectos fisiológicos positivos.

Yoga. La yoga es un ejercicio excelente que te ayuda a concentrarte en tus emociones. Aprendes a respirar mejor. Tus músculos se vuelven más flexibles. Tu cuerpo empieza a sentirse más equilibrado. Y cuando tu cuerpo se equilibra, tu espíritu asciende a un nivel de paz y tranquilidad. Es más, en el caso de la yoga, es el espíritu que estás equilibrando el que hace que tu cuerpo se equilibre. Lo digo por experiencia propia.

Comienza como un ejercicio físico, pero termina convirtiéndose en un ejercicio espiritual con beneficios físicos. O lo puedes ver como un ejercicio físico que tiene beneficios espirituales. Creo que es como el ying y el yang, que se complementan mutuamente.

Tai chi chuan. El tai chi chuan es un método chino de ejercicio que se deriva del taoísmo, una de las religiones más antiguas de la China. Es adecuado para personas de cualquier edad y el equipo necesario es mínimo o ninguno. Se puede practicar en espacios relativamente pequeños, bajo techo o al aire libre.

Cuando se realiza de manera pausada y relajada, la

respiración profunda promueve una inhalación de aire a los pulmones mayor de lo normal, lo cual estimula la circulación sanguínea.

Los movimientos del tai chi chuan crean un estado anímico de tranquilidad que puede producir cambios en nuestra disposición y nos hace sentir más calmados y menos propensos a la ira.

Ejercicio sin hacer ejercicio. No es preciso que vayas a un gimnasio ni que estés "haciendo ejercicio" oficialmente para beneficiarte de una mayor actividad física. A lo largo del día puedes hacer un esfuerzo consciente para elevar tu nivel de actividad en todas partes. Si lo conviertes en un hábito, empezarás a ver los efectos positivos.

Por ejemplo, si trabajas en la sexta planta de un edificio de oficinas, en vez de tomar el elevador por la mañana, sube por la escalera. Esto lo puedes hacer cada vez que vayas a un edificio que tenga ascensores, incluso si tienes que ir a un piso alto, como el décimo o el decimoprimero.

Si vas al trabajo en autobús, bájate una parada antes para que tengas que caminar unas cuantas manzanas más. O si vas en automóvil, estaciona un poco más lejos de lo normal para obligarte a caminar.

También puedes obtener beneficios para el sistema cardiovascular cuando limpias la casa. A lo mejor te resultará más ameno limpiar el suelo si te fijas en el ejercicio que estás haciendo.

Y no olvides que el sexo es también una actividad

física. Tener un orgasmo libera enormemente la tensión muscular y emocional y además alivia el estrés.

Por supuesto, hay muchos otros tipos de ejercicios: correr, bailar, nadar. Y no tiene que ser uno sólo. Puedes bailar hoy, nadar en el fin de semana y salir a patinar por las tardes. Cada cual tiene que encontrar las cosas que le gusta hacer, para así seguir motivado, y moviéndose.

3. CUIDA TU CUERPO

Para reducir el estrés efectivamente, es esencial tener una buena alimentación. Hay cosas fáciles que puedes hacer para mejorar tu dieta inmediatamente.

Dieta

A través de estudios, se ha demostrado que cuando haces ejercicio regularmente, te estás cuidando mejor en general y empezarás a consumir comidas más saludables casi inconscientemente. No obstante, si pones un poco más de empeño verás resultados más positivos.

Trata de comer más frutas y vegetales frescos, y menos comidas de paquete. No compres papas fritas ni galletas de dulce ni helado "para los niños", porque terminarás comiéndotelos tú también. No les harás ningún favor enseñándoles malos hábitos alimenticios y tendrás menos probabilidades de llenarte de helado antes de acostarte si no lo hay en el congelador.

Si eres como la mayor parte de la gente en este país, lo más normal es que tomes muchos refrescos. Si los eliminas, reducirás el consumo de calorías y te será más fácil controlar tu peso. Los jugos naturales son buenos porque contienen muchas vitaminas. Pero la mayoría también contiene muchas calorías y un alto nivel de azúcar. En general, trata de no tomar calorías y opta por el agua, que es tan importante como la comida. Debes tomar ocho vasos de agua al día. Y si quieres perder unas libritas, trata de tomar varios vasos de agua antes de comer. Así, sentirás que tienes el estómago más lleno y comerás menos.

Vitaminas

Las vitaminas son muy beneficiosas para combatir el estrés. También son necesarias para anular los efectos causados por el estrés y la ansiedad.

Necesitas tomar vitaminas que te ayuden a enfrentar el estrés. Asimismo, debes asegurarte de que tienes los niveles correctos de las vitaminas que se pierden por causa del estrés. Por ejemplo, los complejos B son tranquilizantes naturales. Son vitaminas importantes que contribuyen al buen funcionamiento del sistema nervioso. Por eso son tan importantes para la calma. Debes tomar el complejo B todos los días, y especialmente complejo B con la vitamina C, que quita el estrés.

Las mujeres que toman anticonceptivos por vía oral aumentan el riesgo a una deficiencia de vitaminas B y necesitan complementar sus dietas con complejo B.

Los pacientes con alto nivel de estrés deben hacer lo mismo.

La vitamina B es soluble en agua. El cuerpo no la almacena y debe tomarse con comidas para una absorción adecuada. Si el complejo B se absorbe correctamente, la orina será de color amarillo brillante y tendrá un olor agrio debido a la presencia de riboflavonoides. Esto es normal y no debe causar preocupación.

Si no estás consumiendo los alimentos que te dan esas vitaminas en su forma natural, debes tomarlas como un suplemento a la dieta, porque lo que tienes en el organismo se va quemando cuando tienes más estrés.

La vitamina E, que es un antioxidante, tiene propiedades maravillosas.

Si no quieres tener que tomar cuatro, cinco o diez pastillas todos los días, puedes encontrar una buena multivitamina. Hay varias que proporcionan, en una sola pastilla, todas las vitaminas en las cantidades recomendadas por los médicos.

Hierbas

Cómo sabía Mamá, ¿no? Cuando eras niño y te sentías inquieto y no podías dormir, ¿cuántas veces venía tu mamá a la cama con un té de manzanilla para tranquilizarte? La manzanilla, el tilo y otras hierbas medicinales son magníficas para calmarse.

Por ejemplo, la manzanilla, una de las hierbas medicinales más seguras, es un relajante suave cuyo efecto para aliviar el estrés está demostrado. Hay estudios que han probado que la manzanilla contiene sustancias que actúan sobre las mismas zonas del cerebro y el sistema nervioso que los medicamentos contra la ansiedad. Los suaves efectos sedantes y de relajación muscular de la manzanilla pueden ayudar a las personas que padecen de insomnio a conciliar el sueño con más facilidad.

Yo he recomendado inclusive la kava kava para los estados de ansiedad. Esta hierba, de la familia de la pimienta, ha sido empleada por más de tres mil años por sus efectos medicinales como sedante, relajante muscular y como remedio para el nerviosismo y el insomnio. En Alemania, la kava kava se utiliza como medicamento sin receta para reducir la ansiedad.

Sin embargo, su uso prolongado puede ser perjudicial y las mujeres embarazadas o que están amamantando a sus hijos no la deben utilizar.

Antes de tomar cualquier hierba medicinal o suplemento junto con otros medicamentos, consulta con tu médico.

Duerme lo suficiente

Muy pocas personas duermen lo suficiente. Siempre ha existido la regla de ocho horas de sueño, pero parece que cada año se hace un estudio nuevo que determina que dormimos menos. Los más recientes en los Estados Unidos indican que dormimos ahora un promedio de seis horas o menos.

Seguro que no todos necesitamos ocho horas. Hay gente que necesita sólo seis, otros nueve. Cada uno se conoce a sí mismo. Pero la mayoría de las personas, con las vidas atareadas que llevan, no duerme lo suficiente para que su cuerpo funcione bien.

Cuando no dormimos lo suficiente, somos más susceptibles al estrés y la ansiedad, y también a las enfermedades. Se nos debilita el sistema inmunológico. Caemos en el círculo vicioso del estrés, que nos dificulta el sueño, y la falta de sueño, a su vez, nos hace sentir más estrés.

Uno tiene que ser consciente de la cantidad de sueño que necesita para estar saludable. Asegúrate de que dormir lo suficiente sea para ti una prioridad de la misma importancia que ir al trabajo o comer. Si te sientes siempre cansado, o que todas las tardes en el trabajo te sientes decaído, o como que necesitas una siesta, es casi seguro que no estás durmiendo lo suficiente. Empieza yendo a la cama quince minutos más temprano. Apaga el televisor y acuéstate. Casi todos tenemos grabadoras de video en la casa. Si ese programa es tan, tan importante que no te lo puedes perder, grábalo y ponte a verlo más temprano al día siguiente. Date esos quince minutos, a ver si te sientes mejor. Verás que sí, y que esa telenovela o partido de baloncesto que insistías en que era tan importante tal vez no lo es.

Con la ansiedad y el estrés, es muy común tener dificultad para dormir. Nuestra mente da vueltas y, aunque cerremos los ojos, nos cuesta trabajo conciliar el sueño. Cuando lo consigues, es tarde, y cuando te levantas para ir al trabajo al día siguiente, estás exhausto. Y el círculo vicioso comienza de nuevo.

Una rutina para dormir y ciertas reglas para la hora de dormir pueden ser de ayuda:

- Cuando llegue la hora de dormir, vete a la cama. No pagues facturas, no leas ni escribas una nota para el trabajo.

- Trata de irte a dormir a la misma hora todas las noches y de levantarte a la misma hora cada mañana. El cuerpo se va acostumbrando.

- Apaga la luz. Apaga el televisor. Pon una música suave o, lo que recomiendo y que creo que es mejor, pon uno de esos CDs de sonidos naturales de las olas, de lluvia o de lo que sea.

- Medita. Como ya te dije, es muy fácil pasar de la meditación al sueño. Cuando te pones a contar esas cuentas tibetanas que te mencioné, o un rosario, esa mantra te desconecta los pensamientos. Entras en un estado de tranquilidad y serenidad que es más favorable para que puedas dormir.

- Practica el ejercicio de respiración profunda, contando despacio y concentrándote en el aire, como entra y sale.

- Duerme. Cuando no necesitas despertador para despertarte, estás durmiendo lo que necesitas. Tampoco dejes que sean dieciocho horas de cada veinticuatro. El dormir demasiado o no querer salir de la cama son señales de depresión.

Al dormir bien, verás que se te va bajando el estrés y que se te van cargando las pilas, para que cuando te encuentres en una situación estresante puedas afrontarla con menos ansiedad.

Evita las drogas y el alcohol

La drogadicción y el alcoholismo van de la mano con la ansiedad.

Muchas personas que se sienten ansiosas o que tienen fobias tratan de escapar a través de las drogas o el alcohol. En vez de enfrentar los problemas y los miedos que tienen, se tratan de esconder de ellos. Pero las drogas y el alcohol no quitan los temores que se esconden detrás de la ansiedad; sólo los tapan. Como no hemos resuelto lo que está a la raíz del problema, los temores siguen surgiendo y se van empeorando.

Los temores son como una alerta que nos envía nuestro interior para indicarnos que algo anda mal. Es el subconsciente tratando de llamarnos la atención. Si hay mucho escándalo en nuestra vida, esa voz va volviéndose más fuerte hasta que la escuchamos. Es como un bebé. Cuando el bebé se siente incómodo, empieza a quejarse. Si no le prestamos atención a los movimientos y esos pequeños soniditos que hace al principio, empieza a llorar. Si seguimos ignorándolo, grita.

Al igual que el bebé, el temor va alzando la voz hasta que le hagamos caso. Con el alcohol y las drogas, crees que estás apaciguando el temor, pero lo que estás haciendo es tapándote los oídos. En vez de hacerle frente a ese temor, lo estás ignorando, hasta que grite.

Si de verdad queremos liberarnos y vivir una vida más feliz, tenemos que dejar las drogas y el alcohol.

4. PRUEBA ALGO NUEVO

Una de las formas más efectivas de aumentar tu felicidad es probando algo nuevo. La vida es un viaje. Si siempre te quedas en el mismo sitio y haces lo mismo una y otra vez, no vas a llegar a ninguna parte. No quiero decir que hagas las maletas y salgas por la puerta ahora mismo. No. No hace falta viajar en busca de nuevos horizontes. Puedes llegar más lejos que nunca antes esforzándote, haciendo algo que nunca antes has hecho, o dedicándote a aprender algo nuevo.

Inscríbete a una clase de cocina. Aprende a tocar la guitarra. Muchas escuelas superiores públicas y universidades tienen cursos de informática, inglés, feng shui, jardinería, de todo. En una librería cerca de mi casa en Miami daban clases de tango una vez por semana.

Sueña con nuevas posibilidades, con cómo conseguir un trabajo que te dé más satisfacción, comprar una casita con un jardín, aprender a bailar tango. Cuando veas las posibilidades, puedes buscar formas para convertirlas en realidad. Será una nueva meta para ti.

Tener objetivos nos hace más felices. En vez de quedarte sentado lamentándote: "No soy feliz", tener metas te da algo específico que conseguir. Tienen que ser objetivos realistas, por supuesto. Por ejemplo, si eres mujer, no puedes despertarte mañana y convertirte ahí mismo en la mujer más bella del mundo. Pero puedes hacerte más bonita. Puedes perder peso, aprender a maquillarte para que te veas más linda, ponerte ropa que te quede mejor.

Tú escoges los nuevos horizontes que quieres alcanzar y entonces tratas de alcanzarlos.

Busca un hobby

Tener un hobby se encuentra entre esas cosas que debes hacer lo más a menudo posible. La jardinería. Cocinar. Leer. Tocar el piano. Los pasatiempos son pequeños placeres que figuran entre todas esas cosas que hemos dicho; nos dan satisfacción. Son un reto y nos dan una sensación de haber logrado algo. Si se realizan con regularidad, se convierten en una forma de meditación que nos relaja y nos permite reflexionar. Nos conectan a la vez con nuestra mente y nuestra alma.

No importa de qué hobby se trate. Trasplantar una planta de gardenia a una maceta nueva te colma los sentidos: sientes el frescor de la tierra húmeda en tus manos, ves el color de las flores y las ramificaciones de la planta, percibes el olor agudo de la tierra y el aroma de las delicadas flores. Te darás cuenta de que estás pen-

sando y a la vez no estás pensando, conectándote totalmente con el presente.

Lo mismo sucede con tocar un instrumento musical, o
cuando sientes el hilo surcando tus dedos mientras
manejas las agujas de tejer y ves cómo el color y el
diseño del suéter que estás tejiendo se van fusionando a
la vez que el clic-clic de las agujas llega a tus oídos.

Encontrar un hobby es encontrar más felicidad.

Acepta los retos

Andrés Segovia no se convirtió en uno de los mejores
guitarristas del mundo la primera vez que tuvo una guitarra en sus manos. Es cierto que tenía un talento increíble, pero aprendió como todo el mundo: día a día.
Primero aprendió varios acordes simples. Luego aprendió a tocar canciones sencillas. Y, sin lugar a duda, con
cada canción nueva, con cada acorde nuevo se sintió
bien: había logrado algo. Quizás fue algo pequeño, o tal
vez un paso grande, pero lo había conseguido. Poco a
poco, esos pasos le llevaron a convertirse en el maestro
que todo el mundo reconoce hoy día.

Segovia triunfó no sólo al lograr su meta. Tuvo éxito
porque aceptó el reto de tocar la guitarra mejor cada
día. Es importante aceptar retos. Si quieres vivir una
vida más feliz, ábrete a los retos.

Haz algo que te guste lo más a menudo posible

La vida no es una cama de espinas. Es un regalo para disfrutar. Si quieres ser más feliz, haz algo que te guste lo más a menudo posible. Abraza a tu bebé. Sal a caminar cuando esté saliendo el sol y los pájaros llenen el aire con su trino mañanero. Baila. Ve una película. Lee. Debes hacer las cosas que verdaderamente te gustan lo más a menudo posible.

Si te gustaba dibujar cuando eras niño, dedica tiempo a dibujar o aprende a pintar. No digas que no puedes. Si quieres, verás que hay tiempo para hacerlo. Por ejemplo, cuando los niños estén en el colegio, o temprano en la mañana antes de que todos se despierten. No tiene que ser todos los días. Dile a tu pareja que es algo que realmente te hace feliz y que necesitas una hora o dos los sábados para hacerlo. Él o ella tendrá que jugar con los niños, ver una película con ellos o lo que sea, para que puedas disponer de ese tiempo que te hace falta.

5. VIVE UNA VIDA CON SENTIDO

En un estudio realizado entre 3.617 personas en la Universidad de Vanderbilt, en Nashville, se halló que había más probabilidades de que la gente feliz se apuntara para hacer trabajo voluntario. Estudios similares en Nueva York, Los Ángeles y Pittsburg dieron resultados similares: la gente que hace trabajo voluntario es más feliz.

Da felicidad y recibirás felicidad. Puedes ayudar en un asilo de ancianos, en un hospital o en la iglesia. Hay todo tipo de instituciones y grupos que pueden beneficiarse de tu ayuda.

También puedes lograr beneficios similares con actos bondadosos en situaciones informales. En la cola para pagar en el mercado, deja pasar a una persona que tenga pocos artículos. Ayuda a una anciana a llevar sus bolsas. Cédele tu asiento a una mujer embarazada en el autobús. Lleva a tu hermana al trabajo cuando se le estropee el automóvil. Quédate con los hijos de unos amigos para que la pareja pueda salir esa noche.

Ser amable con los demás hace que te sientas útil y capaz. Crea sentimientos positivos en ti y en la gente que ayudas. Además te ayuda a encontrar una forma superior de felicidad: la alegría de relacionarte con otros y saber que estás contribuyendo al bien del mundo. Este es el camino para vivir una vida con sentido, en la cual aportamos algo para que el mundo sea mejor. Es el camino que nos conducirá directamente a una vida más feliz.

Un último mensaje

Ahora que has terminado de leer el último de mis 7 pasos para ser más feliz, espero que logres incorporarlos a todos en tu vida y en tu rutina diaria. Gracias por abrirme tu corazón y depositar tu confianza en mí. Te transmito mis mejores deseos para que pronto te encuentres disfrutando de una vida colmada de satisfacción y felicidad.

AGRADECIMIENTOS

La palabra "agradecimiento" nos da la oportunidad de elevarnos del plano terrenal al espiritual. Ese agradecimiento nos permite la búsqueda de todo lo bello que nos ocurre a diario y nos enfoca en lo positivo. El poder agradecer a todos aquellos que de una forma u otra me han inspirado, alentado y compartido ideas conmigo es algo que me hace sentir humilde y a la vez orgullosa de estar rodeada de personas tan buenas y dadivosas.

Muchos han contribuido a que este libro sea la ayuda emocional y espiritual que vislumbré hace tanto tiempo. A poder vencer los temores y ser todo lo que pueden ser cada uno de ustedes...y ser felices. Mis agradecimientos están dirigidos principalmente a aquellos que me ayudaron a enfrentarme a mis propios temores y lograr vencerlos.

Agradezco a Carlos Harrison, que con la paciencia

que lo engalana, se sentó horas y horas conmigo con el propósito de escuchar, y organizar mis pensamientos y experiencias de una forma magistral. Agradezco a mis editoras Milena Alberti-Pérez y Jackeline Montalvo por extender y respaldar con sus ideas creativas el enfoque de este tema. A Diane Stockwell, mi agente literaria, por mantenerme con el ojo en la meta con sus suaves pero firmes "empujoncitos". En cada uno de mis libros sus consejos han sido acertados.

Tengo a la vez que agradecer a mis hijos Eric y Maggie, que a diario me retan a vencer los obstáculos y sonreir conmigo cuando logro vencerlos. A mi hija Liza, que aun en la distancia me ayuda a comprender que tengo una amiga además de una hija. A mi hijo Carl, que con los relatos de sus experiencias personales ha contribuido a muchas de las estrategias compartidas en este libro.

A todos, mil gracias.

Apéndice A:

MÁS DETALLES ACERCA DE LOS DESÓRDENES DE ANSIEDAD

*Aquí te presento con más detalle los desórdenes de ansie-*dad que aparecen en el recuadro de la página 98. Si sospechas que tú o alguien que conoces podría tener uno de los siguientes desórdenes, no tardes en buscar ayuda profesional. Por favor refiérete al Apéndice B en la página 243, donde encontrarás un listado de grupos de apoyo y otras organizaciones que te pueden ayudar. Ciertos desórdenes requieren del uso de medicamentos; por eso es importante que veas a un doctor si tienes varios síntomas de las siguientes condiciones:

Fobias específicas

Como el nombre lo indica, estas fobias consisten en temores persistentes fuera de lo normal que provocan un deseo apremiante de evitar un objeto o una situación específica. Hay cientos de fobias específicas, desde el miedo a los payasos hasta el miedo a la neblina, pero la mayoría se pueden dividir en ciertos grupos:

Las que tienen que ver con modos de transporte. Por ejemplo, el temor a un tren, a un avión o a un elevador. Si le tienes fobia a los elevadores, quizás puedas subir las montañas más altas, pero no subir a la segunda planta de un edificio en un ascensor.

El temor a las alturas. Conocida como acrofobia, es muy común, y es distinta al temor a volar. Los que tienen temor a volar muchas veces están reaccionando exageradamente no a la altura, sino a la sensación de estar encerrados, sin manera de escapar.

Objetos o animales: serpientes, perros, ranas, etc. Estas casi siempre vienen de un trauma en la niñez, alguien que fue mordido por un perro, o lo que sea. Muchas veces, si se trata de algo fácil de evitar, las personas con este tipo de fobia no buscan tratamiento. Pero otras, como el temor a los árboles, te pueden hacer la vida imposible.

Sangre, heridas que te hagan sangrar o inyecciones. Las personas con este tipo de fobia tienen miedo de desmayarse si ven u oyen hablar de una de estas situaciones. Muchos de los afectados han tenido un incidente en el pasado en que de verdad se desmayaron. La mayoría de las fobias provocan una especie de aumento excesivo del pulso. Sin embargo, en el caso de esta fobia a ser herido o a la sangre, cuando las personas ven sangre, en vez de aumentárseles el pulso se les baja, y así se produce el desmayo. En las familias de estas personas hay una alta incidencia de este tipo de fobia.

Desorden de pánico

La gente con desorden de pánico tiene sentimientos de terror que ocurren súbitamente y repetidamente sin previo aviso. Les es imposible predecir cuándo les va a venir un ataque, y muchos desarrollan una ansiedad intensa entre episodios porque no saben cuándo ni dónde tendrán el próximo. A veces pueden ocurrir por un estímulo, pero también pueden producirse con sólo pensar. Pueden ocurrir hasta cuando estás dormido.

Cuando se tiene un ataque de pánico, es posible sentir dificultad para respirar, mareos, debilidad en las piernas, palpitaciones, ahogo, o sentir una parte del cuerpo adormecida. Es posible sentir que se está perdiendo control, o náuseas o dolores en el pecho. Se puede estar convencido de que se está teniendo un ataque cardíaco, que se está volviendo loco o que se va a morir. La gente que padece de un desorden de pánico puede ir a la sala de emergencia varias veces y verse con médico tras médico antes de descubrir lo que les está afectando.

Muchos intentan escapar de los ataques de pánico con drogas o alcohol y se convierten en adictos. O pueden tratar de evitar lugares o situaciones en que han sentido pánico. Por ejemplo, nunca vuelan porque una vez tuvieron un ataque de pánico a bordo de un avión. En ciertos casos, las limitaciones que uno se impone para evitar el pánico pueden llegar a lo que se llama agorafobia.

Agorafobia

La agorafobia puede ser de las fobias la más seria, pues es la más debilitante. El que sufre de agorafobia no es necesariamente la persona que no quiere salir de la casa. Es una ansiedad muy compleja, la ansiedad exagerada, extrema, de estar en un lugar o en situaciones de las cuales no es fácil de escapar. En otras palabras, es el temor a la vergüenza. Es el temor a perder el control. Todo eso cae bajo la agorafobia y desórdenes de pánico.

Muchas personas que sufren de este estado intenso de ansiedad sienten temor de abandonar un lugar que consideran su protección, como la casa, o una persona. Esa separación puede causarle un intenso malestar y puede escalar hasta convertirse en un ataque de pánico. Muchas veces la agorafobia comienza con un ataque de pánico y después se convierte en el mecanismo para evitar los ataques. Quienes padecen esta condición utilizan el aislamiento como protección. Muchas veces se quedan encerrados en su casa, sin salir, sin manejar, sin poder ir a hacer las compras necesarias para subsistir, y dependen enteramente de la persona con quien viven.

Ansiedad generalizada

La ansiedad generalizada no es específica. Te preocupas por todo. Si no te preocupas por una cosa te preocupas por la otra: por el dinero, los hijos, el trabajo. A veces ni puedes decir qué es lo que te preocupa. Siempre estás esperando un desastre.

Aunque reconozcas que no hay razón para estar preocupado, te sientes ansioso. Las preocupaciones te provocan síntomas físicos, como dolores de cabeza, tensión en el cuerpo y sudores. Puedes sentir mareos o falta de aire. Las personas con ansiedad generalizada suelen tener dificultad en concentrarse y en conciliar el sueño.

Como la ansiedad no está relacionada con algo específico, la gente con este tipo de fobia no trata de evitar situaciones o lugares determinados. Pero como no tienen la posibilidad de escapar de lo que les afecta, las personas con ansiedad generalizada pueden sentirse atrapadas y tener dificultad en hacer hasta las cosas más cotidianas.

El desorden postraumático

Este tipo de desorden ha sido relacionado con la guerra de Vietnam y los militares que regresan del campo de batalla. Hoy en día se conoce como algo que puede afectar a cualquiera que se haya encontrado en una situación violenta, ya sea un soldado de guerra o una víctima de violación, abuso sexual, asalto violento u otro trauma.

Quienes padecen de este desorden pueden sufrir de pesadillas frecuentes o recuerdos en los que reviven el trauma. Pueden tener dificultad para dormir, o sentirse fríos emocionalmente, entumecidos, o tener problemas en acercarse a los demás. Pueden ser más agresivos que antes, o violentos. Las cosas que les recuerden lo sucedido les pueden provocar un estado intenso de ansiedad, y pueden tratar de evitar lugares o situaciones relacionados con el hecho.

Muchísima gente que viene de Centroamérica, de Guatemala, Honduras o Nicaragua, ha pasado por guerras, ha visto bombas y ha visto matar a gente frente a sus casas. Llegan aquí y les da un ataque. No saben por qué.

Eso me ha pasado mucho en la radio. Me llaman al programa y yo les hago preguntas, para averiguar. "¿Cuál ha sido el trauma que más recuerdas en tu país?"

Entonces me dicen: "A mi hermano lo mataron delante de mí. Le volaron la cabeza..."

Son imágenes gráficas, visuales, que se quedan grabadas en la mente. Lo mismo les sucede a quienes fueron abusados en su niñez. Porque el abuso sexual, tal como lo he escuchado de pacientes en mi consulta privada, es un trauma al igual que lo es el maltrato físico.

Me acuerdo de una, creo que era de Centroamérica, que no vino a verme por esa razón sino por otra. Y cuando ya me fui dando cuenta de sus estados extremos de ansiedad, fui preguntando hasta que llegué al fondo de lo que le afectaba.

El padre y la madre la ponían de rodillas sobre granos de arroz en una esquina, con los brazos extendidos, por horas. Y le hacían participar en el castigo del hermanito de cuatro o cinco años, a quien agarraban por los pies y sumergían en un barril de agua fría y lo volvían a sacar, cabeza abajo. Ella temía que su hermano se ahogara. Aunque ya viven en este país y cabe muy poca posibilidad de que les sucedan esas atrocidades de nuevo, ella sigue bajo la sombra de ese miedo y ansiedad.

Desorden compulsivo-obsesivo

En este tipo de desorden de ansiedad, que es bastante común, la persona tiene pensamientos o rituales que siente que no puede controlar.

Tal vez es la limpieza. Piensa que todo está sucio y lleno de gérmenes. Se lava las manos constantemente. Frecuentemente puede tener pensamientos violentos y temer que le va a hacer daño a alguien cercano. Puede pasar mucho tiempo tocando cosas y contándolas, o sintiendo la necesidad continua de poner las cosas en su lugar, o en cierto orden.

Otros sienten dudas constantes, de que si apagaron el horno o la plancha, o si cerraron la puerta. Tienen que mirar decenas —hasta cientos— de veces, para asegurarse. Pero los rituales no dan ninguna satisfacción a los compulsivos-obsesivos. Sólo sienten alivio por un corto tiempo de la ansiedad que les produce no hacerlo.

Depresión

La depresión y la ansiedad son hermanitas. Casi todas las personas que padecen de ansiedad se dan cuenta de que tienen un problema. Si no lo han podido identificar, tienen el temor de volverse locas. Como no comprenden lo que tienen, como no tienen control de lo que les está pasando, temen estar perdiendo la razón. Es entonces cuando empieza el estado depresivo.

La depresión, acuérdate, la que no es clínica y no tiene que ver con otras condiciones, es el resfriado de las enfermedades emocionales. Todo el mundo pasa por un estado depresivo de alguna forma en algún momento de su vida. La depresión llega cuando no puedes lograr, controlar o tener algo que quieres. Y ¿qué es la ansiedad? Lo mismo. Cuando la depresión empieza, uno se esconde y no puede escapar. Como van tan mano en mano, la depresión y la ansiedad se tienen que tratar a la vez.

Apéndice B:

~~~~~

RECURSOS

*Grupos de apoyo y otras organizaciones
que te pueden ayudar:*

California

SAN DIEGO CENTRAL SUPPORT GROUP
Sharp Mesa Vista Hospital
7850 Vista Hill Ave.
San Diego, CA 92123
Tel.: 760-944-6334

SOUTH BAY SUPPORT GROUP
(en español)
Sharp Chula Vista Hospital & Medical Center
751 Medical Center Court
Chula Vista, CA 91911
Contacto: Leslie Fadem
Tel.: 760-944-6334

EAST COUNTY SUPPORT GROUP
Scripps Hospital - East County
1460 E. Main Street
El Cajon, CA 92021
Tel.: 760-944-6334

ANXIETY & PHOBIA GROUP OF NEVADA
    COUNTY
155 Glasson Way
Grass Valley, CA 95945
Contacto: Louise Anguiano
Tel.: 530-265-2579

RECOVERY, INC
Las reuniones se llevan a cabo en varios sectores
    de Los Ángeles. Llama para más detalles.
Tel.: 323-651-2170

PHOBICS ANONYMOUS
World Service Headquarters
PO Box 1180
Palm Springs, CA 92263
Tel.: 760-322-COPE

PHOBICS VICTORIOUS
Palm Springs, CA
Contacto: Rosemary Hartman
Tel.: 760-770-0462
E-mail: *rosemary_jane@earthlink.net*

ANXIETY SUPPORT GROUP
Rolling Ridge Plaza
25550 Hawthorne Boulevard, Suite 212
Torrance, CA 90505
Contacto: Pari Adil
Tel.: 310-375-8759

PANIC ASSISTANCE LEAGUE (PAL)
Beach Cities Health Center, 3rd Floor,
    West Entrance
514 N. Prospect Ave.
Redondo Beach, CA 90277
Contacto: Janice Held
Tel.: 310-374-7407

RECOVERY, INC.
700 Philippine
Taft, CA 93268
Contacto: Shirley Burke
Tel.: 805-763-1755

ANXIETY & PANIC DISORDER SUPPORT GROUP
Sacramento, CA 95815
Contacto: Sue Nickelson
Tel.: 916-684-8561
E-mail: *DrSue5650@aol.com*

RECOVERY, INC.
En la ciudad de Sacramento.
Tel.: 916-483-5616

OCD SUPPORT GROUP OF SAN FRANCISCO
Universidad de California,
Centro Médico
San Francisco, CA 94143
Contacto: Paula Kotakis
Tel.: 415-665-9172
E-mail: *disi@igc.org*

OBSESSIVE-COMPULSIVE FOUNDATION OF
    SAN FRANCISCO BAY AREA
Kaiser Hospital
900 Kielg Blvd.
Santa Clara, CA 95051
Cada dos meses se reúnen en:
Seton Medical Center
Depaul Auditorium, Room 315
1850 Sullivan Ave.
Daly City, CA 94015
Contacto: Scott Granet
Tel.: 415-337-4160

RECOVERY, INC.
En la ciudad de San Francisco.
Tel.: 510-482-5808

RECOVERY, INC.
Kaiser Medical Center
1505 S. Main Street
Lilac Building, Room 2
Walnut Creek, CA 94596
Contacto: Jim F.
Tel.: 925-709-3097

OCD SUPPORT GROUP
Calvary Church
1940 Virginia St.
Berkeley, CA 94709
Contacto: Norm Lewis
Tel.: 510-841-3102

Florida

SELF-HELP/SUPPORT GROUP FOR ANXIETY
    DISORDERS & PANIC
Agoraphobia & Anxiety Recovery Center
401 Miracle Mile, Suite 309 Coral Gables, FL
    33134-4926
Contacto: Patricia Donley
Tel.: 305-529-1971

LIVING WITHOUT FEAR
Columbia Hospital
Daytona Beach, FL, 32114
Contacto: Richard Crosbee
Tel.: 904-445-6263

LIVING WITHOUT FEAR
St. Thomas Episcopal Church
Palm Coast, FL 32135
Contacto: Richard Crosbee
Tel.: 904-445-6263

OBSESSIVE COMPULSIVE DISORDER
Mental Health Association of Broward County
7145 W. Oakland Park Blvd.
Fort Lauderdale, FL 33319
Contacto: Marcy Turner
Tel.: 954-962-6662 ó 954-746-2055

AGORAPHOBICS BUILDING INDEPENDENT
    LIVES (ABIL, INC)
First Unitarian Church
635 Prosperity Farms Road
North Palm Beach, FL 33408
Contacto: Karen 561-744-3277 ó
    Paula 561-626-4062

PANIC - ANXIETY - AGORAPHOBICS SUPPORT
    GROUP
Bethel Lutheran Church
1801 62nd Street, North
St. Petersburg, FL 33702
Contacto: Faye Shouse
Tel.: 727-576-3720

STRESS/ ANXIETY/ PANIC SUPPORT GROUP
Aventura Library
2920 Aventura Blvd.
Aventura, FL 33180
Contacto: Stan Hyman
Tel.: 305-933-9779

Illinois

AGORAPHOBICS IN MOTION (AIM)
United in Faith Lutheran Church
6525 W. Irving Park
Chicago, IL 60656-0733
Contacto: Kathy Ortiz
Tel.: 312-409-0004

OBSESSIVE COMPULSIVE FOUNDATION OF
    METROPOLITAN CHICAGO
2300 Lincoln Park West
Chicago, IL 60614
Contacto: Judith Parenti, Executive Director
Tel.: 773-880-2035
E-mail: *ocfmetchgo@aol.com*
Llama para obtener una lista de recursos de
    trastornos obsesivos-compulsivos y trastornos
    afines.

HELP OUR PANIC END (H.O.P.E.)
P.O. Box 22
Tinley Park, IL 60477
Contacto: Shelly Evans
Tel.: 708-614-9016
E-mail: *hopebox22@aol.com*

OCD 12 WEEK PSYCHOEDUCATIONAL GROUP
115 S. Vine
Hinsdale, IL 60521
Contacto: Donna Mahoney, Ph.D. o
    Ric Vallina, M.A.
Tel.: 708-203-0146
Este grupo y el siguiente han sido creados para
    brindar a sus miembros estrategias de
    tecnología avanzada para superar los síntomas
    del trastorno obsesivo-compulsivo.
Cada sesión cuesta $30.

OCD 12 WEEK PSYCHOEDUCATIONAL GROUP
522 W. Burlington
La Grange, IL 60525
Contacto: Donna Mahoney, Ph.D. o
    Ric Vallina, M.A.
Tel.: 708-203-0146

RECOVERY, INC.
802 N. Dearborn St.
Tel.: 312-337-5661
Fax: 312-337-5756
E-mail: *inquiries@recovery-inc.org*
Website: *www.recovery-inc.org*
Recovery, Inc. es una organización de salud
    mental de autoayuda que ofrece técnicas para
    controlar síntomas de nerviosismo y temores.
    Los grupos se reúnen semanalmente en más de
    600 sitios.

Nueva York

CBT GROUP FOR ADULT OCD
680 West End Ave., Suite #1B
New York, NY 10025
Contacto: John Silvestre MS, LCSW
Tel.: 212-362-5413

PANIC DISORDER/PHOBIA SUPPORT GROUP
Bellport United Methodist Church
Main Street
Bellport, NY 11713
Contacto: Ellen MacCary
Tel.: 631-226-3900

OBSESSIVE COMPULSIVE DISORDER FREE
　　SUPPORT GROUP
Bio-Behavioral Institute
935 Northern Blvd., Ste. 102
Great Neck, NY 11021
Tel.: 516-487-7116

THE MENTAL HEALTH ASSOCIATION IN
　　SUFFORK COUNTY, INC.
199 North Wellwood Avenue, Suite #2
Lindenhurst, NY 11757
Contacto: Gina
Tel.: 516-226-3900
Fax: 516-543-8637

AGORAPHOBICS IN MOTION (AIM)
8 Hillcrest Avenue
Glens Falls, NY 12801
Contacto: Lia Howard
Tel.: 518-792-8029

ANXIETY AND PHOBIA PEER SUPPORT
　　NETWORK
16 East 40th Street, Suite 300
New York, NY 10016
Contacto: Kim Phelan
E-mail: *Hemob@ix.netcom.com*

ANXIETY, PHOBIA and OCD SUPPORT GROUP
Integral Yoga Institute
227 West 13th St.
New York, NY 10011
Contacto: Boris Pisman
Tel.: 917-270-5391
E-mail: *boris@treatocd.com*
Website: *www.treatocd.com*

THE NIAGARA FALLS PANIC & ANXIETY
   SUPPORT GROUP
John Duke Senior Citizens Center
Hyde Park Blvd.
Niagara Falls, NY 12538
Contacto: Mary Jeffords
Tel.: 716-731-8187

AGORAPHOBICS BUILDING INDEPENDENT
   LIVES, INC. (ABIL)
Eastwood Baptist Church
3212 James St.
Syracuse, NY 13206
Tel.: 315-687-5773

WHITE PLAINS HOSPITAL CENTER ANXIETY
   & PHOBIA CLINIC SELF-HELP GROUPS
Davis Avenue at East Post Road
White Plains, NY 10601
Contacto: Judy Lake Chessa, CSW
Tel.: 914-691-1038

ANXIETY DISORDERS GROUP
Holliswood Hospital
87-37 Palermo Street
Jamaica, NY 11423
Tel.: 718-591-0724

ANXIETY SUPPORT GROUP
231 E. 76th Street
New York, NY 10021
Contacto: Dr. Marvin L. Aronson
Tel.: 212-879-2228

ANXIETY SUPPORT GROUP
32 Pasadena Pl.
Mt. Vernon, NY 10552
Contacto: Dr. Marvin L. Aronson
Tel.: 212-879-2228

ANXIETY SUPPORT GROUP
188 West Main St.
Oyster Bay, NY 11771
Contacto: Jean Marie Furino-Mimmo, MPS, CSW
Tel.: 516-628-8019
E-mail: *mjjmbay@cs.com*

Texas

PHOBIA SOCIETY OF DALLAS/ABIL
East Dallas, TX
Tel.: 214-327-8723

THE SELF-HELP RESOURCE CENTER OF
    GREATER HOUSTON
THE MENTAL HEALTH ASSOCIATION OF
    HOUSTON AND HARRIS COUNTY, INC.
211 Norfolk St., Suite 810
Houston, TX 77098
Contacto: Information & Referral Office
Jackie Rose, Coordinadora del Programa
Tel.: 713-522-5161

ANXIETY & STRESS MANAGEMENT GROUP
DePaul Center
301 Londonderry Drive
Waco, TX 76712
Contacto: Sister Mary Theresa
Tel.: 254-776-5970

ANXIETY DISORDERS/ DEPRESSION SUPPORT
    GROUP
Anxiety Management
3116 West 5th St.
Fort Worth, TX 76107
Contacto: Swan Richesin
Tel.: 817-870 4842

ENCOURAGING FRIENDS/SOCIAL ANXIETY
Corpus Christi, TX 78418
Contacto: Carol Pennington
Tel.: 361-937-0086
E-mail: *zzbonita@yahoo.com*

México

VIVIR MEJOR
ASOCIACIÓN MEXICANA DEL TRASTORNO
    OBSESIVO COMPULSIVO, A.C.
Colonia del Valle
Gaiza García, Nuevo León
Contacto: Patricia Silva Martínez
Tel.: 52 81 114-7383 ó 52 81 114-7384